西北政法大学马克思主义理论工程建设资助项目
西北政法大学博士科研启动基金资助项目

中国特色社会主义总体布局的历史演进研究

梁丹丹 著

中国社会科学出版社

图书在版编目（CIP）数据

中国特色社会主义总体布局的历史演进研究/梁丹丹著. —北京：中国社会科学出版社，2017.9

ISBN 978-7-5203-1371-1

Ⅰ.①中… Ⅱ.①梁… Ⅲ.①中国特色社会主义—社会主义建设模式—总体布局—研究　Ⅳ.①D616

中国版本图书馆CIP数据核字（2017）第273377号

出 版 人	赵剑英
选题策划	刘　艳
责任编辑	刘　艳
责任校对	陈　晨
责任印制	戴　宽
出　　版	中国社会科学出版社
社　　址	北京鼓楼西大街甲158号
邮　　编	100720
网　　址	http://www.csspw.cn
发 行 部	010-84083685
门 市 部	010-84029450
经　　销	新华书店及其他书店
印刷装订	北京君升印刷有限公司
版　　次	2017年9月第1版
印　　次	2017年9月第1次印刷
开　　本	710×1000　1/16
印　　张	14
插　　页	2
字　　数	202千字
定　　价	59.00元

凡购买中国社会科学出版社图书，如有质量问题请与本社营销中心联系调换
电话：010-84083683
版权所有　侵权必究

前　言

"五位一体"中国特色社会主义总体布局的最终形成经历了一个较长的历史演进过程，这种历史演进蕴含着某种规律和逻辑。研究这一问题，对于我们从宏观上正确认识和科学把握总体布局的发展趋势与走向，对于中国特色社会主义建设事业有着十分重要的理论意义和现实意义。

马克思主义认为，一切划时代体系的真正内容都是由于产生这些体系的那个时代的需要形成的。在我国社会主义事业建设的历史进程中，中国共产党始终坚持把马列主义的普遍原理同中国的具体实际结合起来，进一步推进马克思主义中国化的历史进程，并积极探索具有中国特色的社会主义总体布局。中国特色社会主义总体布局，是中国共产党以中国特色社会主义建设事业全局为出发点和立足点，结合马克思主义关于社会主义建设的基本原理，从时代变化和国情发展的具体实际出发，对能够促进国家和社会全面发展的主要的、基本的内部组成部分及其相互间联系的总体性认识，并对其做出宏观的、多位一体的，具有整体性、全局性的战略部署。

改革开放以来，中国共产党开启了对中国特色社会主义总体布局的探索和实践，在这一过程中，邓小平首先对中国特色社会主义经济、政治、文化进行了探索，提出了"两手抓，两手都要硬"的著名论断。同时，在1986年党的十二届六中全会通过的关于社会主义精神文明建设指导方针的决议中，第一次提出了"总体布局"这一概念，决议指出，我国社会主义现代化建设的总体布局是：以经济建设为中心，坚定不移地进行经济体制改革，坚定不移地进行政治体制改革，坚定不移地加强精神文明建设，并且使这几个方面互相配合，互相促进。但这一时期着重强调的是加强物质文明和精神文明建设"两位一体"的协调发展。党的十三大和党的十五大明确提出了"经济富强、政治民主、精神文明"即经济建设、政治建设、文化建设"三位一体"的社会主义现代化建设的总体布局。

党的十六大以后，胡锦涛进一步提出了构建社会主义和谐社会的战略任务。2005年2月，胡锦涛同志在省部级主要领导干部专题研讨班上的重要讲话中明确指出："随着我国经济社会的不断发展，中国特色社会主义事业的总体布局，更加明确地由社会主义经济建设、政治建设、文化建设三位一体发展为社会主义经济建设、政治建设、文化建设、社会建设四位一体。"新世纪新阶段，在中国特色社会主义建设的关键时期，我国经济、社会等各方面发展都取得了巨大成就，综合国力显著上升，但是经济增长付出的能源、资源、生态代价过大。党中央准确把握中国社会发展的突出问题，适时提出科学发展观，走可持续发展之路，建设生态文明成为全党共识，"五位一体"全面发展中国特色社会主义的总体布局理论最终形成，这也是我们党的重大理论创新。对于以上问题的认识标志着党对中国特色社会主义建设规律的认识达到了新的高度，提高了对这一规律认识的科学性。

中国特色社会主义总体布局的形成有其理论依据、历史依据和现实依据。理论依据主要有：马克思主义社会有机体论，马克思主义社会发展论，马克思主义关于系统与要素的理论；历史依据主要有：苏联社会主义建设的历史经验与教训，延安时期边区建设的历史经验；孙中山的新"三民主义"论；现实依据主要有：和平与发展的、生态危机全球扩展的时代依据，社会主义初级阶段的基本国情等。新中国成立后，第一代中央领导集体对于总体布局的先行探索为中国特色社会主义总体布局的形成与发展提供了重要历史借鉴，是总体布局历史演进过程中必不可少的重要资政。主要体现在：一方面，在社会主义过渡时期，党的第一代中央领导集体围绕着新中国的政治架构、经济政策、文化建设等重大问题提出了一系列卓有成效的重要构想，并成功实现了向社会主义社会的历史性过渡。另一方面，在社会主义曲折探索时期，党在经济建设上，提出了以实现"四个现代化"为目标和任务；政治建设上，高度重视发扬民主；文化建设上，发展社会主义新文化。

改革开放以来，中国特色社会主义总体布局以其开放性与包容性沿着某种轨迹向前演进。并且随着中国特色社会主义现代化建设事业的逐层推进，这种历史演进轨迹的脉络也越来越清晰。中国特色社会主义总体布局的历史演进经历了从"两手抓、两手都要硬"的理论格局到由经济建设、政治建设、文化建设"三位一体"的重大转变。随着我国社会主义市场经济的发展和社会的不断进步，社会建设的重要性也越来越凸显和紧迫，总体布局突破了以前的"三位一体"，演进为包括社会建设在内的"四位一体"。进入新世纪新阶段，面对席卷全球和影响我国可持续发展的生态危机，生态文明建设的重要性愈加凸显，把社会主义生态文明建设纳入总体布局成为必然，最终使"五位一体"的中国特色社会主义总体布局得以形成。

"五位一体"的总体布局是对当前时代背景的反映，是对我国社会主义初级阶段这一基本国情的再认识，也是对我国当前社会主要矛盾和新问题，特别是对经济社会发展不够全面、不够协调、不可持续的认识与把握的深化。并且，每当社会主义事业在一个特定时期向另一个时期过渡时，总体布局具体内容的"边缘性"和"模糊性"也会客观地突破其原有的框架，成功实现向新的发展阶段过渡。总体布局根据时代特征的变化、国情发展的演变、社会进步与人民群众的需要，并遵循某种规律与逻辑不断进行历史演进。这种历史演进的规律是它将始终围绕"以经济建设为中心"，总体布局的构成要素和结构逐步呈"多元"化趋势，并且必须始终坚持中国共产党的领导，总体布局的历史演进全过程都遵循着与时俱进的规律。总体布局的历史演进不是社会形态发生转变时那种带有根本性的社会变革,而是有着共同的物质基础和发展目标,是总体布局在中国特色社会主义建设事业大框架下的自我发展、自我完善和自我演进,是一种前提和基础、推进与升华、继承并发展、既有各自发展特色又有统一本质的辩证逻辑关系。通过对总体布局历史演进相关问题的科学分析,得出总体布局历史演进的经验与启示,主要在于要始终坚持"解放思想、实事求是,与时俱进"的思想路线;要立足于解决改革开放和现代化建设的重大问题;始终坚持党的历史任务,充分发挥人民群众的主体性作用;还要加强马克思主义的宣传与教育。

目　录

第一章　绪论 …………………………………………… (1)
　一　选题背景 ………………………………………… (1)
　　（一）现实背景 …………………………………… (1)
　　（二）国内外研究现状 …………………………… (2)
　二　研究意义 ………………………………………… (8)
　三　研究思路及方法 ………………………………… (12)
　　（一）研究思路 …………………………………… (12)
　　（二）研究方法 …………………………………… (13)
　四　研究内容及重点难点 …………………………… (13)
　　（一）研究内容 …………………………………… (13)
　　（二）研究重点 …………………………………… (18)
　　（三）研究难点 …………………………………… (19)
　五　创新之处 ………………………………………… (19)

第二章　中国特色社会主义总体布局形成与演进的
　　　　依据 ………………………………………… (21)
　一　中国特色社会主义总体布局形成与演进的理论
　　　依据 ………………………………………… (21)
　　（一）马克思主义社会有机体论 ………………… (21)
　　（二）马克思主义社会发展论 …………………… (24)
　　（三）马克思主义的系统与要素论 ……………… (26)

· 1 ·

二　中国特色社会主义总体布局形成与演进的历史
　　依据……………………………………………………（29）
　　（一）苏联社会主义建设的历史经验与教训…………（29）
　　（二）延安时期边区建设的历史借鉴…………………（33）
　　（三）孙中山的新"三民主义"…………………………（40）
三　中国特色社会主义总体布局形成与演进的现实
　　依据……………………………………………………（42）
　　（一）时代特征……………………………………………（42）
　　（二）国情特点……………………………………………（46）

**第三章　第一代中央领导集体对中国社会主义建设总体
　　　　布局的先行探索**………………………………（49）
一　第一代中央领导集体对新民主主义社会建设的
　　构想……………………………………………………（49）
　　（一）新民主主义社会的政治架构………………………（50）
　　（二）新民主主义社会的经济政策………………………（54）
　　（三）新民主主义社会的文化建设………………………（59）
二　第一代中央领导集体对社会主义现代化建设战略
　　布局的认识与实践……………………………………（62）
　　（一）经济建设：以实现"四个现代化"为目标和
　　　　任务…………………………………………………（62）
　　（二）政治建设：发扬人民民主…………………………（68）
　　（三）文化建设：建设社会主义新文化…………………（75）
三　第一代中央领导集体探索社会主义建设战略布局的
　　经验与教训……………………………………………（81）
　　（一）正确认识和把握国情………………………………（81）
　　（二）正确认识"什么是社会主义，怎样建设社会主义"
　　　　这一首要问题…………………………………………（84）

（三）正确认识和处理社会主义同资本主义的
　　关系 ……………………………………………… （85）

第四章　中国特色社会主义总体布局历史演进的轨迹 ……… （88）
　一　"两手抓,两手都要硬":总体布局问题的提出
　　（1978—1991） ………………………………………… （88）
　　　（一）加强社会主义物质文明建设 ………………… （89）
　　　（二）重视社会主义精神文明建设 ………………… （93）
　二　"三位一体":总体布局的构建（1991—2006） ……… （95）
　　　（一）"三位一体"总体布局的提出 ………………… （95）
　　　（二）确保国民经济持续健康快速发展 …………… （96）
　　　（三）加强社会主义政治文明建设 ………………… （99）
　　　（四）发展社会主义先进文化 ……………………… （102）
　三　"四位一体":总体布局的拓展（2006—2012） ……… （105）
　　　（一）"四位一体"总体布局的提出 ………………… （105）
　　　（二）促进国民经济又好又快发展 ………………… （107）
　　　（三）坚定不移发展社会主义民主政治 …………… （113）
　　　（四）建设社会主义核心价值体系 ………………… （117）
　　　（五）构建社会主义和谐社会 ……………………… （120）
　四　"五位一体":总体布局的完善（2012年至今） …… （123）
　　　（一）"五位一体"总体布局的提出 ………………… （123）
　　　（二）加快转变经济发展方式必须有效推进城镇化
　　　　　建设 ……………………………………………… （125）
　　　（三）积极稳妥地推进政治体制改革 ……………… （129）
　　　（四）提高文化软实力,建设社会主义文化强国 … （134）
　　　（五）加强以保障和改善民生为重点的社会
　　　　　建设 ……………………………………………… （138）
　　　（六）突出生态文明建设,实现永续发展 ………… （142）

第五章 中国特色社会主义总体布局历史演进的规律及其内在逻辑 …… （147）

 一 总体布局的历史演进将始终围绕经济建设这个中心展开 …… （147）
  （一）生产力是社会发展的最终决定力量 …… （147）
  （二）经济建设始终是总体布局的主要矛盾 …… （149）
  （三）"以经济建设为中心"是建设社会主义的历史经验 …… （151）
 二 总体布局的构成要素与结构呈现"多元化"趋势 …… （152）
  （一）总体布局的构成要素与结构呈"多元化"趋势的主观原因 …… （152）
  （二）总体布局构成要素与结构呈"多元化"趋势的客观原因 …… （155）
 三 总体布局的历史演进体现了与时俱进的理论品质 …… （158）
 四 总体布局的历史演进始终在中国共产党的领导下推进 …… （161）
  （一）坚持党的领导是马克思主义国家学说中的根本观点 …… （161）
  （二）坚持党的领导是历史与现实发展的必然选择 …… （162）
  （三）坚持党的领导是人民的选择 …… （163）
 五 中国特色社会主义总体布局历史演进的内在逻辑关系 …… （164）

第六章 中国特色社会主义总体布局历史演进的经验与启示 …… （167）

 一 总体布局的历史演进始终坚持"解放思想、实事求是，与时俱进"的思想路线 …… （167）

(一)坚持和贯彻"解放思想、实事求是" …………… (167)
　　(二)坚持和贯彻"与时俱进" ………………………… (170)
　　(三)科学把握"解放思想、实事求是,与时俱进"的
　　　　有机统一 …………………………………………… (172)
　二　总体布局的历史演进始终立足于解决改革开放和现代化
　　　建设的重大问题 ………………………………………… (173)
　三　总体布局的历史演进始终把经济建设作为党的中心
　　　任务 ……………………………………………………… (176)
　　(一)加强经济建设的重要性和必要性 ……………… (176)
　　(二)加强经济建设的现实路径 ……………………… (178)
　四　总体布局的历史演进始终体现人民群众的主体性
　　　作用 ……………………………………………………… (181)
　　(一)人民群众和人民群众主体性的科学含义 ……… (181)
　　(二)人民群众主体性建构的途径 …………………… (182)
　五　总体布局的历史演进始终要求加强马克思主义的宣传与
　　　教育 ……………………………………………………… (185)
　　(一)加强马克思主义宣传与教育的重要性 ………… (185)
　　(二)加强马克思主义宣传与教育的主要途径 ……… (187)

结束语 ……………………………………………………………… (191)

参考文献 ………………………………………………………… (195)

后记 ……………………………………………………………… (210)

第一章 绪论

一 选题背景

中国共产党在领导中国人民进行中国特色社会主义建设的实践过程中，根据马克思主义基本原理并结合中国社会的具体国情，经过反复探索与实践，形成了相对完整的科学的中国特色社会主义总体布局。同时，随着改革开放的逐步深入与不断扩展，在经济发展的每一阶段都会自然而然地呈现出不同的矛盾与曲折，基于此，可将中国特色社会主义的建设过程划分为不同的发展阶段，在每一个发展阶段也会相应地产生不同的建设模式与解决方案。因此，在中国特色社会主义事业发展的每一阶段都有着与其相适应的总体布局。

（一）现实背景

我国已经迈入全面建成小康社会战略目标的重要机遇期。中国共产党作为社会主义建设事业的领导核心，要始终坚持全面推进"五位一体"建设中国特色社会主义事业的总体布局。2012年11月，党的十八大报告明确指出："新世纪新阶段，党中央抓住重要战略机遇期，在全面建设小康社会进程中推进实践创新、理论创新、制度创新，强调坚持以人为本、全面协调可持续发展，提出构建社会主义和谐社会、加快生态文明建设，形成中国特色社会主义事业总体布局……"2013年11月，习近平总书记在十八届三中全会中再一次强调中国共产党要"团结带领全党全军全国各族人民，坚持稳中求进的工作总基调，着力稳增长、调结构、促改革，沉着应对各种风险挑战，全面推进社会主义经济建设、政治建设、文化建设、社会建设、生态文明建设"，即要全面推进总体布局。

新世纪新阶段，世情、国情、党情继续发生深刻变化。国际局势风云变幻，综合国力竞争空前激烈。长期的不计消耗地发展生产力，迫使自然界尽其所能竭诚为人类服务，人类社会物质财富积累逐渐雄厚，人民生活水平显著提高。但是，全球性的"生态危机"正在威胁着人类的生存与发展。目前，我们面临的根本任务仍是发展生产力。我国经济持续快速健康发展，已取得巨大成就。但在经济发展过程中也不可避免地出现了以牺牲生态环境为代价的现象，资源面临枯竭、环境恶化等矛盾与问题日益显现，生态环境面临前所未有的压力，这些已严重影响了经济发展与社会进步。党的十八大报告强调，"要把生态文明建设放在突出地位，融入经济建设、政治建设、文化建设、社会建设各方面和全过程。[①]"生态文明建设这一重大课题成为总体布局的重要组成部分，标志着"五位一体"建设社会主义事业的总体布局最终形成。

（二）国内外研究现状

1. 国内研究状况

当前，学术界针对总体布局的研究已经取得了一定的成果，主要体现在如下几个方面。

第一，关于总体布局形成的理论依据研究。目前学术界对于这一问题研究的主流是认为中国特色社会主义总体布局的理论依据是马克思的社会结构理论。例如，周密、张荣华在《中国特色社会主义事业总体布局探析》中认为，中国特色社会主义总体布局理论上的依据可以追溯到马克思主义中关于社会结构的理论。社会结构因

[①] 胡锦涛：《坚定不移沿着中国特色社会主义道路前进，为全面建成小康社会而奋斗》，人民出版社2012年版，第39页。

其生产力、生产关系、上层建筑以及社会历史形态等若干要素的矛盾运动而不断地丰富并发展，所以总体布局也就随之不断地深化并发展。全燕黎在《马克思社会结构理论与中国特色社会主义事业总体布局》一文中认为，马克思主义关于社会结构理论的经典论述是中国特色社会主义总体布局的重要理论依据，也为进一步推进中国特色社会主义事业建设提供了根本性的方法论指导。部分学者认为总体布局形成与发展的理论依据是马克思主义唯物史观。比如，蔡冬梅在其文章《中国特色社会主义事业总体布局的形成与要求》中强调，总体布局形成与发展的理论依据是马克思主义的唯物史观。而蔡丹认为，中国特色社会主义总体布局形成与发展的理论依据是马克思主义社会有机体论。

第二，关于总体布局形成的实践依据研究。通过检索相关资料发现对于这一问题的研究，学术界从总体上基本达成了共识，认为总体布局形成的实践依据可以追溯到新中国成立后毛泽东关于社会主义现代化建设的战略布局。比如，青连斌在其论文《中国特色社会主义事业的总体布局》中指出，以毛泽东为代表的第一代中国共产党人对中国社会主义建设事业的总体布局进行了开创性的探索，并做出了重要贡献。比如，明确提出了社会主义"四个现代化"的奋斗目标。同时，周密、张荣华认为，"四个现代化"战略布局的提出，是以毛泽东为代表的第一代中央领导集体的重大成果，是中国特色社会主义总体布局形成及发展的前提和基础。

第三，关于总体布局演进与发展的研究。中国特色社会主义总体布局是在深刻提炼党领导社会主义建设事业的基本经验与历史教训的前提下提出的，它历经了在实践的发展、认识的推进，不断丰富其含义、完善其表述的过程。学术界针对这一问题的研究相对比较集中，并形成了大量的研究成果。其中，多数学者认为，"总体布局"孕育于党的第一代中央领导集体所提出的"四个现代化"的战略目标中。

改革开放以来，又经历了从"两手抓，两手都要硬"（一手抓物质文明、一手抓精神文明）到"三位一体"（经济建设、政治建设、文化建设），再到"四位一体"（经济建设、政治建设、文化建设、社会建设），最终到"五位一体"（经济建设、政治建设、文化建设、社会建设和生态文明建设）的演进过程。学术界对于这一问题的研究既有整体性又有阶段性特征。比如，马福运在论文《中国特色社会主义事业总体布局论纲》中梳理了改革开放以来总体布局发展的脉络，认为从物质文明和精神文明"两手抓、两手都要硬"，到物质文明、政治文明、精神文明的"三个文明一起抓"格局，到四位一体，最终到经济的、政治的、文化的、社会的和生态文明建设这样五位一体的演进过程，体现了我们党对执政规律、社会主义建设规律和人类社会发展规律的认识逐步深化。原丽红、张荣华在论文《中国特色社会主义事业总体布局六十年嬗变的轨迹》中对于二位一体的总体布局到四位一体总体布局的演进作了系统分析，展现了总体布局的内容由单一向丰富的转变；单小娟、赵亚娟在题目为《中国特色社会主义建设总体布局的形成与发展》一文中，也针对二位一体的总体布局到四位一体总体布局的演进作了系统论述。这些研究都呈现阶段性特征。

第四，关于总体布局形成的意义及基本经验研究。学术界对于这一问题的研究成果较为丰富和集中，并基本达成共识。理论意义主要有：是我们党对执政规律认识不断深化的重要标志；是我们党对社会主义建设规律把握不断深化的具体表现；是我们党对人类社会发展规律理解不断深化的细节呈现。实践意义主要有：有助于我们实现经济、政治、文化和社会的一体化发展，把握发展的重要战略机遇期，更好地实现富强民主文明和谐的社会主义现代化建设目标；有助于进一步巩固党的执政地位，更好地实现党执政的光荣使命；有助于我们及时准确地把握复杂多变的国际形势，充分应对来自国际环境的各种风险与挑战。比如，周密、张荣华的《中国特色社会主义事业总体布局探析》、牛先峰的《中国特色社会主义事业总体布局的新发展》等文章都有相关论述。对于基本经验的研究，学术界主要从两个不同的角度着手,一种是分别从总体布局内部各构成要素作为经验的出发点;另一种是从整体上提炼总体布局历史演进的基本经验。比如,葛洪泽在题为《论中国特色社会主义建设的总体布局》中就分别从经济、政治、文化、社会各方面来分析如何推进总体布局的历史经验,认为经济建设为中国特色社会主义建设事业发展提供物质前提;政治建设为其发展提供政治保障;文化建设为其发展提供精神动力;社会建设为其发展提供所需的社会条件。然而,涂冰燕、涂小雨认为在历史演进的经验上,总体布局要与中国特色社会主义理论体系和党的建设新的伟大工程良性互动。

第五,关于总体布局内部各要素之间关系的研究。总体布局的历史演进的最终成果是形成了"五位一体"的中国特色社会主义总体布局。分析其内部各要素之间的关系是非常必要的。在这一问题上,研究者的研究视角、阐述方法和思路虽然存在差异,但是就总体而言大体一致,即认为,中国特色社会主义总体布局是一个有机统一的整体,对其中每个构成要素的理解和把握,都需要上升到整体的高度来进行。总体布局内部各要素之间既发挥各自功能又相互联系,都统一于中国特色社会主义建设的总体实践中。刘力波在《系统思维视域中的中国特色社会主义事业总体布局》一文中提到,从系统思维中来解读总体布局,能更加有针对性地把握总体布局的内核,也就是要求进一步加强社会主义市场经济、民主政治、先进文化与和谐社会建设,深入贯彻落实科学发展观,从而不断推进中国特色社会主义事业建设。罗红英认为社会主义社会应该是一个经济、政治、文化和社会协调发展,物质文明、政治文明、精神文明共同进步的社会,它们之间的关系是有机统一,不可分割的。

另外,学术界对此还存在一些零星研究,比如,关于"总体布局"内部的逻辑关系,以及不同演进阶段"总体布局"之间的辩证关系与联系,此研究主要集中在由"三位一体"到"四位一体"的演进等。但是,对该问题相关研究的不足或未涉及之处,将是学术界以后进一步研究的趋势,也是本书研究的重点,具有较高的学术价值。

一方面,对于"总体布局"历史演进的背景及深层动因的探讨不足。在中国特色社会主义总体布局从"二位一体"到"四位一体"的历史演进中,党对时代主题和世界格局的认识和把握不断清晰。如果没有党对时代主题已经从战争与革命向和平与发展转变的科学判断,就不会有改革开放的伟大战略决定;如果没有对于资本主义文化两面性的认识,也就不会有抵制资本主义腐朽思想的精神污染,同时还吸收和借鉴资本主义先进的科技和管理经验的科学决定;如果没有全球化趋势势不可当,社会主义与资本主义将会在长期共存与共处中凭借最大限度地吸收资本主义优秀成果,依靠制度竞争最终替代资本主义的洞察,也就不会有政治文明、社会文明思想的提出。我们对引发"总体布局"演进的各种因素把握得越准确越丰富,对未来"总体布局"的发展脉络就越清晰。

但是,这方面的研究还没能引起学术界充分的重视,体现在对"总体布局"变化过程的研究仍然主要围绕着那些重要会议和相关文件,而对这些会议、文件决议与"总体布局"战略变化之间的紧密联系和调整变化的过程还缺乏相应的考察和研究。

另一方面,对于"总体布局"历史演进的规律与内在逻辑研究不够深入。"总体布局"从"二位一体"向"五位一体"的演进过程充分表明,"五位一体"的"总体布局"本身并不是终结的或固化的,而是随着世情、国情还有党情的变化,其具体内容也必然会出现新的变化。所以,我们的研究应该适时关注这些变化,并努力从中厘清变化的走势。在此基础上提炼"总体布局"的每一次演进,并总结每一次历史性演进的内在逻辑与规律。尽管"总体布局"的历史演进貌似有阶段性的历史分界,但从本质上说,其中每一个要素都孕育并贯穿于社会主义建设事业发展的全过程。"总体布局"的构成结构及其结构方式也在不停地发生变化,并且它们之间的链接、发展方式都会随之变化。伴随中国特色社会主义建设事业的纵深发展,"总体布局"的内容与结构也必然会继续丰富和发展。所以,从理论研究的发展趋势来看，未来对"总体布局"实践发展与理论研究将一方面随着社会历史发展，其内部间如何形成相互依托、相互提升的良性机制，以更新目前一定程度上存留的几个领域之间协调性差、互利程度低的状态。同时，这也是学术界研究的重点，尤其是"总体布局"历史演进的规律及其内在逻辑是学术界研究的薄弱环节。因此，对于这一问题的研究将具有重要的学术价值。

2. 国外研究状况

国外对于中国特色社会主义总体布局的研究是十分零散的，主要集中在总体布局内部某个构成要素的研究上，比如，中国的经济建设、政治建设、文化建设或者是社会建设等。

在中国政治建设的研究上，主要围绕着中国政治制度的建构和国际地位的提升，美国未来学家约翰·奈斯比特认为，在中国，"人民的统治"是一项不断进展的工作。中国立足于它自己的历史、价值观和需求，正在塑造一个纵向民主的政体。从本质上说，这是对中国人民当家做主的肯定，也是对中国人民民主专政的肯定。从国际政治地位上看，法国学者克劳德·迈耶在《谁是亚洲领袖——中国还是日本？》一书中提到作为一个活跃的区域行为体，中国凭借其在亚洲的影响来巩固自己的国际地位，并逐步使自己获得了全球性大国的地位。

在中国经济建设的研究上，国外学者的研究大都集中在中国的改革开放、市场经济的确立与发展、中国经济发展的辉煌成就等。日本经济贸易中心名誉会长木村一三在《中国经济顺利发展的原因》一文中认为，中国制定改革和开放的路线，并且通过20世纪80年代的实践，取得了辉煌成就。印度《金融快报》特约专栏作者帕特瓦丹在《一个觉醒的巨人》中认为，中国拥有一个强大的经济。它已经满足了人民的基本需要，而且已经建立起大规模的基础结构。人口增长已经得到控制。市场经济促进国民经济发展的作用也越来越明显。

在中国文化建设的研究上，国外研究主要集中在对传统文化的重视上、提高中华文化软实力、发展教育科技等问题上。中华文化是人类文明的重要组成部分。20世纪80年代以来，世界上不少国家掀起了研究和探索中国传统文化的热潮，影响最为深远的国家有日本、新加坡、韩国等。许多国家和地区出现研究孔孟文化的学会或研究所等。中国传统文化中的"和为贵""忠""诚""孝""恩"等成为不少国家和地区至上的美德。美国学者约书亚·科兰兹克在《魅力攻势——看中国的软实力如何改变世界》一书中明确提到，中国已经成为一个全球性的存在，中国一直在采取步骤负责任地施加自己的软影响力。同时，国外不少研究者认为，教育对中国来说十分重要。美国未来学家约翰·奈斯比特认为，对于中国来说，进行教育改革是很重要的任务。

在中国社会建设的研究上，目前主要集中在对小康社会和社会主义和谐社会的研究中，认为这是对中国社会进步的总体要求，也是实现"中国梦"的一部分。奥地利学者多丽丝·奈斯比特认为，目前社会主义社会建设是一种可见的现代化即可以被数字或事实证明的东西，主要表现为让国民脱困，GDP翻番等。同时，在我国生态文明的研究上，国外学者认为，生态危机可能成为影响中国未来经济增长的第二大威胁，这主要是由过度的工业化和过快的城市化导致的。

总之，对于中国特色社会主义总体布局的研究主要集中在其内部各构成要素上，对于从整体上研究中国特色社会主义总体布局是非常少见的。比如，国外对于总体布局内部各要素之间的辩证关系问题、从纵向上研究总体布局的历史演进及其演进的内在逻辑关系等。综上所述，对于中国特色社会主义总体布局研究的不足与缺陷将是学术界研究的重要趋势。

二　研究意义

中国特色社会主义总体布局的最终形成经历了一个较长的历史

演进过程，对这一过程的研究，尤其是对这一形成过程中的规律、内在逻辑和经验的深入挖掘和探究，对于我们从总体上提高对社会主义建设理论的认识，增强对中国特色社会主义建设规律的认识等都具有重要意义。

第一，有利于增强对马克思主义关于社会主义建设理论认识的整体性。

科学社会主义作为马克思主义的重要组成部分，以其科学性、真理性指导着国际共产主义运动的发展。马克思主义认为，一切划时代体系的真正内容都是由于产生这些体系的那个时代的需要形成的。在我国社会主义事业建设的历史进程中，中国共产党始终坚持把马列主义的普遍原理同中国的具体实际结合起来，积极探索具有中国特色的社会主义总体布局。

中国共产党根据马克思主义关于社会主义建设的理论，根据国内经济社会发展的基本情况，并吸收人类文明进步的新成果，在每一个发展阶段都明确提出了中国特色社会主义建设的总体布局。真正实现了在保持经济持续快速协调健康发展的同时，加快政治文明、精神文明建设，形成了物质文明、政治文明、精神文明相互促进、共同发展的格局；要统筹城乡协调发展、区域协调发展；要统筹人与自然和谐发展，处理好经济建设、人口增长与资源利用、生态环境保护的关系，建设资源节约型和环境友好型社会等。这些都是对马克思主义关于社会主义建设理论的创造性运用与发展。进一步增强了对社会主义建设认识的全面性，也是中国共产党进一步加深对社会主义现代化建设规律性认识的真实体现，极大地丰富和发展了马克思主义关于社会主义建设的理论。因此，加强对这一问题的研究，有助于加深我们对马克思主义关于社会主义建设理论的认识，增强对其认识的全面性。

第二，有利于提高对中国特色社会主义建设规律认识的科学性。

对于总体布局的研究，能够充分展现中国共产党对中国特色社会主义建设规律的认识逐步深化，并逐渐走向成熟，也是我们认识中国特色社会主义建设规律的现实依据。改革开放以来，党开启了对中国特色社会主义总体布局的探索和实践，在这一过程中，邓小平首先对中国特色社会主义经济、政治、文化进行了探索，提出了"两手抓，两手都要硬"的著名论断。同时，在1986年党的十二届六中全会通过的关于社会主义精神文明建设指导方针的决议中，第一次提出了"总体布局"这一概念。决议指出，我国社会主义现代化建设的总体布局是：以经济建设为中心，坚定不移地进行经济体制改革，坚定不移地进行政治体制改革，坚定不移地加强精神文明建设，并且使这几个方面互相配合，互相促进。但这一时期着重强调的是加强物质文明和精神文明建设"两位一体"的协调发展。党的十三大和党的十五大明确提出了"经济富强、政治民主、精神文明"即经济建设、政治建设、文化建设"三位一体"的社会主义现代化建设的总体布局。

　　党的十六大以后，胡锦涛进一步提出了构建社会主义和谐社会的战略任务。2005年2月，胡锦涛同志在省部级主要领导干部专题研讨班上的重要讲话中明确指出："随着我国经济社会的不断发展，中国特色社会主义事业的总体布局，更加明确地由社会主义经济建设、政治建设、文化建设三位一体发展为社会主义经济建设、政治建设、文化建设、社会建设四位一体。"新世纪新阶段，在中国特色社会主义建设的关键时期，我国经济、社会等各方面发展都取得了巨大成就，综合国力显著上升，但是经济增长付出的能源、资源、生态代价过大。党中央准确把握中国社会发展的突出问题，适时提出科学发展观，走可持续发展之路，建设生态文明成为全党共识，"五位一体"全面发展中国特色社会主义的总体布局理论最终形成，这也是我们党的重大理论创新。对于以上问题的认识标志着党对中国特色社会主义建设规律的认识达到了新的高度，提高了对这一规律认识的科学性。

　　第三，有利于厘清我们对总体布局历史演进认识的逻辑性。

对于总体布局历史演进和发展的研究具有重要哲学意义。总体布局的历史演进变化蕴含着丰富的哲学意义，其暗含的哲学范式表现在从物质文明与精神文明的两分模式到经济、政治、文化的三分模式，再到经济、政治、文化、社会的四分模式，乃至经济、政治、文化、社会、生态文明五分模式的转换。

党的十二届六中全会着重强调了物质文明、精神文明相互依存和相互保障的关系，并且把精神文明建设的战略方位提升到总体布局的高度。所以，物质文明建设与精神文明建设的"二位一体"基本上可以作为这一时期的总体布局。党从社会文明的角度出发，把物质文明和精神文明的两分模式作为社会结构的研究范式。并随着中国特色社会主义事业的发展，政治领域的相关问题在"两个文明"的范式中无法得到科学合理的诠释。因此，1991年，江泽民在"七一讲话"中对中国特色社会主义的经济、政治、文化以及相互关系作了初步论述，强调社会主义经济、政治、文化是有机统一的，必须做到协调发展。党的十五大进而把经济、政治、文化的三分模式提升到了社会主义总体布局的高度，三分模式自此成为具有指导性和规范性的社会结构研究范式。

然而，中国特色社会主义建设事业在新世纪的发展中面临着新问题，为此我们党提出了包括经济建设、政治建设、文化建设、社会建设在内的"四位一体"总体布局论，以取代原来的三分模式，提升到总体布局的战略高度，进而成为具有全局指导性和规范性的社会结构研究范式。进入全面建设小康社会的关键时期，我国经济、社会等各方面发展都取得巨大成就。同时经济增长付出的能源、资源、生态代价过大，以胡锦涛为核心的党中央适时提出科学发展观，走可持续发展之路，建设生态文明成为全党共识。由此形成了"五位一体"的中国特色社会主义总体布局，这种历史演进体现了党对于社会结构研究范式的自觉转换，具有重要的哲学意义与现实意义。

三 研究思路及方法

（一）研究思路

首先，以中国特色社会主义总体布局的形成为研究的逻辑起点，主要研究其形成的理论依据、历史依据与现实依据。总体布局形成的理论依据是马克思主义社会结构论和马克思主义关于系统与要素的理论，现实背景主要考察时代特征与具体国情。对其实践基础的考察主要体现在毛泽东对中国特色社会主义总体布局的先行探索上，包括毛泽东对新民主主义社会建设的总体构想和毛泽东对社会主义现代化建设战略布局的艰辛探索，这些宝贵的思想理论对于中国特色社会主义总体布局的形成与演进提供了宝贵的借鉴。

其次，厘清改革开放以来党对中国特色社会主义总体布局的探索历程。从邓小平的社会主义建设要坚持"两手抓，两手都要硬"的总体布局，到以政治建设为保障的"三位一体"总体布局的构建，再到以构建和谐社会为重点的"四位一体"总体布局的拓展，最终形成了以生态文明建设为突破的"五位一体"的中国特色社会主义总体布局。可见，总体布局从形成到发展有其自身的演进过程。所以，本书进一步分析中国特色社会主义总体布局演进的规律与特征：总体布局的历史演进始终围绕经济建设这个中心来展开；总体布局的内容和结构由"单一"逐步向"多元"演进；总体布局的历史演进体现了实事求是和与时俱进的理论品质。同时，还要具体分析总体布局历史演进的内在逻辑关系。

最后，系统地提出坚持和完善中国特色社会主义总体布局的基本经验与历史启示。要坚持解放思想、实事求是、与时俱进的思想路线；始终把经济建设作为社会主义初级阶段的中心任务；充分发挥人民群众的主体性作用；加强马克思主义的宣传与教育，努力推进马克思主义的中国化、时代化和大众化。

(二) 研究方法

第一，系统分析法。这是一种统揽全局和高屋建瓴的方法。通过它可以从整体上把握"总体布局"的四次演进，科学研究四个"总体布局"之间的逻辑关系与规律。同时，这种方法对于研究"总体布局"各要素之间的逻辑关系也有重要意义。

第二，历史分析法。这是一种把历史事件、现象及历史人物放在特定的历史条件下进行分析的方法。要研究中国特色社会主义总体布局的历史演进及其内在逻辑，就必须将其置于特定的历史与现实中，只有与当时的历史条件相结合，研究的理论才具有其鲜活的生命力。即只有将四个"总体布局"的研究分别置于其特定的历史阶段并结合国情，才能使研究更为科学。

第三，跨学科研究法。这种方法指运用多学科的理论、方法和成果从整体上对某一问题进行综合研究的方法，也称"交叉研究法"。本书既要追溯总体布局形成的实践基础，也就是总体布局的先行探索，还要纵向的探究其历史的演变。同时，还要横向地考察总体布局历史演进的基本规律，并从整体上把握总体布局与社会主义建设事业间的关系。所以，要运用历史、哲学、社会学等多学科为视角来观察并分析问题。

四 研究内容及重点难点

(一) 研究内容

第一，明确中国特色社会主义总体布局的概念。对于研究对象基本内涵作相对科学的界定，是理论研究的最基本要求，所以对"总体布局"的概念也要明晰。在领会"总体布局"概念之前要明确"总体布局"从属于中国特色社会主义的建设事业，具有高度的实践性，是战略层面的宏观考察与部署。这个概念要突出"总体布局"是一个随着时代和国情发展而不断发展的动态构成，体现其与时俱进的理论品质，也要强调目前"总体布局"的构成要素，还要隐含它可能随着客观形势及人们认识的发展而进一步变化。同时，也要体现出"总体布局"中"布局"的特殊性。与中国特色社会主义理论体系中的其他理论问题不同的是，"总体布局"研究的一个重要落脚点是"布局"，即如何通过对中国特色社会主义事业内部的组成部分及其相互之间的联系来实现整个系统的最优化。

中国特色社会主义总体布局，是中国共产党以中国特色社会主义建设事业全局为出发点和立足点，结合马克思主义关于社会主义建设的基本原理，从时代变化和国情发展的具体实际出发，对能够促进国家和社会全面发展的主要的、基本的内部组成部分及其相互间联系的总体性认识，并对其做出宏观的、多位一体的，具有整体性、全局性的战略部署。目前已经形成"五位一体"的中国特色社会主义事业的总体布局，即经济建设、政治建设、文化建设、社会建设、生态文明建设共同发展的历史阶段。

第二，阐明中国特色社会主义总体布局的早期探索及其形成依据。新民主主义革命时期，党的第一代中央领导集体就对新民主主义社会的发展做出初步构想，可以说是对中国特色社会主义总体布局的先行探索。在科学把握国情的前提下，结合马克思主义基本原理，中国共产党人对新民主主义社会做了带有全局性的战略构想，主要体现是三大基本纲领的制定：政治纲领是建立工农联盟为基础，各革命阶级联合专政的共和国；实行新民主主义的经济纲领；文化纲领是发展民族的、科学的、大众的文化。应该说，三大基本纲领本身就是针对"如何建设新民主主义社会"的总体战略部署，也为改革开放后社会主义总体布局的形成与发展奠定了基础。同时，新中国成立后毛泽东对社会主义现代化建设的战略布局的宝贵探索，包括政治、经济、文化和社会等方面。无论是成功的经验还是失败的教训，都为中国特色社会主义总体布局的形成与发展提供了历史借鉴。

党的十八大提出的"五位一体"中国特色社会主义总体布局，

从根本上说不是某个人的主观臆想，而是在深化对社会主义建设规律和人类社会发展规律的认识之后形成的。马克思主义社会结构理论是其理论依据，马克思主义社会结构论认为，社会结构是指社会要素之间相互关联的方式，实质是人与人之间在实践活动中形成的社会关系，这种实践活动的对象化就形成了社会的经济结构、政治结构以及文化结构等。

马克思主义社会发展论认为人类社会的发展表现为社会经济的、政治的和思想文化等的全面发展、协调发展，社会发展规律则体现为生产力、生产关系，经济基础、上层建筑要素之间的矛盾运动，整体的发展离不开各要素之间的相互作用。总体布局作为整体，其内部各构成要素相互联系、协调发展，以其合力促进总体布局的形成、发展与演进，因此，马克思主义社会发展论也是总体布局形成与演进的重要理论依据。

同时，马克思主义系统与要素的关系论也是中国特色社会主义总体布局形成与演进的理论依据。马克思主义认为，系统是指由一定数量并相互联系的因素组成的统一体，是一种揭示对象的系统联系及其规律的观点和方法，具有相关性、整体性和有序性等特点。总体布局本身就具有整体性和全局性的特点，因其内部各构成要素发挥其子系统的作用与积极性，进而来提高总体布局的整体性。

中国特色社会主义总体布局的形成除有其理论依据外，还有其现实依据。人类社会进入 21 世纪，生产力高度发达，科技发展与创新日新月异，人类对于和谐美好生活的向往比哪一个时代都要强烈。和平与发展依然是当今世界的主题。为了在国际上占据一席之位，大力发展生产力，提高综合国力成为一股世界潮流。然而，目前中国仍处于社会主义初级阶段，面临的主要矛盾仍然是人民日益增长的物质文化需要同落后的社会生产之间的矛盾。我们的根本任务仍然是大力发展生产力，发展成为党执政兴国的第一要务。

第三，探究中国特色社会主义总体布局历史演进的轨迹。在我国经济发展与社会进步的不同阶段，相应地会出现一些新情况与新问题及其解决的新方式与新方法，于是逐步形成了应对和解决这些矛盾、问题的方法——中国特色社会主义总体布局。然而，在不同的发展阶段，面对不同的问题与矛盾，总体布局因其开放性与包容性决定了它将被赋予新的内容。因此，在每一个发展阶段都有着相应的轨迹。

第一阶段，"两手抓，两手都要硬"：总体布局的提出（1978—1991）。这一阶段是以邓小平为核心的党的第二代领导集体，在中国特色社会主义总体布局问题上，明确提出了社会主义物质文明与精神文明"两手抓、两手都要硬"。第二阶段，"三位一体"：总体布局的构建（1991—2006）。第二个阶段是在继承并发展邓小平关于总体布局研究的基础上，提出了"三位一体"论，即社会主义物质文明建设、精神文明建设、政治文明建设统一于中国特色社会主义建设事业中。第三阶段，"四位一体"：总体布局的拓展（2006—2012）。这一时期明确提出"四位一体"的总体布局，即全面推进经济建设、政治建设、文化建设和社会建设。第四阶段，"五位一体"：总体布局的完善（2012年至今）。党的十八大将生态文明建设作为重要内容直接纳入社会主义建设的总体布局中，标志着中国特色社会主义"五位一体"总体布局的完善。

第四，阐释中国特色社会主义总体布局历史演进的规律及内在逻辑。一方面，"总体布局"的历史演进将始终围绕以经济建设为中心。改革开放以来，中国共产党确立了以经济建设为中心的社会主义初级阶段的基本路线，并多次重申了要坚持以经济建设为中心不动摇。中国社会矛盾的多重性、复杂性以及各种突发性事件都常常有可能干扰甚至改变我们的注意力。经济体制深刻变革、社会结构深刻变动、利益格局深刻调整、思想观念深刻变化，这种空前的社会变革把前所未有的挑战摆在共产党人面前。然而，历史唯物主义认为物质文明是人类改造自然界的物质成果的总和，生产力是社会发展的最终动力，社会主义制度确立以后，必须大力解放和发展生产力，抓住经济建设这个中心不放松，不断提高人民群众的物质文化生活水平。因此，中国特色社会主义建设要始终围绕以经济建设为中心。

另一方面，"总体布局"的内容和结构由"单一"逐步向"多元"演进。改革开放以来，我国从传统的计划经济体制向市场经济体制转型，由农业社会向工业化社会和信息化社会转型，还要应对席卷世界的全球化浪潮。随着各种问题的出现，社会结构的整合度也逐步下降，社会内部也出现了各种不同的矛盾。尤其是社会的组织结构也由一元向着多元发展，社会发展的阻力明显较以前加大，因此国家不得不对其实行的各项政策进行调整。同时，社会成员的思想意识观念结构也由单一走向多元，社会的组织结构也由一元向多元发展。在这种形势下，任何单一社会系统的作用都是有限的，只能形成多元的整合系统，并有效构建系统内部的相互关系，使各子系统之间形成相互促进、互为生长点的健康发展局面，才能牢牢抓住战略机遇期，稳步、快速地发展。因此，"总体布局"内容和结构的不断调整，不仅是为了应对不断出现的各类挑战，而且能让社会系统的构成要素更为丰富，结构与作用机制也更加合理。

同时，总体布局的历史演进必须始终坚持中国共产党的领导。坚持党的领导是总体布局历史演进的突出特征和必然规律。坚持中国共产党的领导由多方面因素决定，是历史的选择，也是人民的选择。最后，总体布局的历史演进必须坚持与时俱进的规律，总体布局的历史演进具有与时俱进的理论特质。

总体布局的历史演进不同于社会形态转变时发生的那种带有根本性的社会变革，而是存在共同的物质基础与发展目标。并在发展的过程中形成不同发展阶段和理论形态的自我演进的逻辑关系。具体说来，这种关系本质上就是总体布局在中国特色社会主义事业建设大框架下的自我发展、自我完善与自我演进的关系。是一种前提和基础、推进与升华、继承并发展、既有各自发展特色又有统一本质的辩证逻辑关系。

第五，探究中国特色社会主义总体布局历史演进的经验与启示。从中国特色社会主义总体布局的形成与历史演进中，可以得出以下重要经验和启示：要始终坚持"解放思想、实事求是，与时俱进"的思想路线，这一路线贯穿了总体布局历史演进的全过程和各个方面；要始终坚定不移地把经济建设作为社会主义初级阶段的中心任务，从国际国内形势来看，我国还要继续坚定不移地坚持"以经济建设为中心"的历史任务；要充分重视并发挥人民群众的主体性作用等；要加强马克思主义的宣传与教育，努力推进马克思主义的中国化、时代化和大众化。

（二）研究重点

本书的研究重点在于总体布局历史演进的轨迹、规律、经验与启示。对历史演进轨迹的分析是对改革开放以来总体布局历史发展与演进的总结与提炼，是对总体布局历史演进全过程纵向的梳理。本书其他内容如总体布局历史演进的依据、第一代领导集体对中国社会主义总体布局的先行探索等都为本章服务，而其他如总体布局历史演进的规律及内在逻辑、总体布局历史演进的经验与启示是对演进轨迹研究的深化与递进。因此，对总体布局历史演进的研究与概括无疑是本书的重点内容。

对总体布局历史演进规律的研究，是对本书主体内容总体布局历史演进发展的必然趋势和本质特征的提炼与总结。改革开放以来，随着时代特征的变化、国情发展的演变以及人民群众的需要等，总体布局必然会随之变化，有其自身演进的轨迹，并且这种演进轨迹也必然有其规律可循。对规律的总结与提炼有利于加深我们对总体布局历史演进轨迹的认识，并提高对总体布局未来发展趋势的预见性。所以，对于总体布局历史演进规律的研究也是本书的重点内容。同时，对总体布局历史演进经验与启示的研究，是继对总体布局形成与演进的依据、先行探索、演进轨迹、规律及内在逻辑的分析后做出的总结与展望，具有较强的理论意义和现实意义，这也是本书的重点内容。

（三）研究难点

本书研究的难点一是总体布局历史演进的规律及内在逻辑。二是总体布局历史演进的经验与启示。

马克思主义哲学认为，规律是事物发展过程中本质的、必然的、稳定的联系，具有客观性。随着客观环境与主观需要等的不断变化，总体布局的历史演进也必然会处于不断发展、演进中，并且这种演进与发展有其必然的、稳定的联系，具有客观性，即有其潜在的规律。然而，要提炼这种规律，就必须深入探察分析其演进发展时客观环境的变化，如时代背景、国情变化、社会进步等，进而找出总体布局在每一个发展阶段必然的、稳定的联系。另外还要运用严密的逻辑思维对总体布局历史演进各形态之间的逻辑关系进行科学分析。总之，对于演进规律及其演进逻辑关系的分析研究本身就是对研究者从总体上和深层次上把握总体布局的考验和挑战，是本书研究的难点。

对总体布局经验与启示的分析也是本书的难点。对经验与启示的分析既是对本书整体上的概括总结，更是对当前社会主义事业建设的重要启示；既是对总体布局历史演进轨迹与规律的总结和提升，更是对当代中国特色社会主义事业建设的科学预见，有着承前启后的重要作用。如何凸显其总结、启示、预见等重要作用，也是本书一大难点。

五　创新之处

第一，分析总体布局四次历史演进的规律及其内在逻辑。总体布局四次历史演进的轨迹存在于改革开放至今近40年的历史当中。然而，根据对相关资料的查阅与梳理，目前尚未发现完整的关于"总体布局"四次历史演进的规律及其内在逻辑的研究。学术界对于其历史演进的研究主要集中在改革开放至党的十七大。同时，研究呈现泛化并具有阶段性，把总体布局历史演进的规律与内在逻辑的分析置于某一特定的历史阶段，缺乏连贯性和整体性。本书将针对这些不足之处，着重分析总体布局四次历史演进的规律及其内在逻辑。

第二，马克思主义关于系统与要素的理论是总体布局的理论依据之一。马克思主义哲学认为，系统是指由一定数量并相互联系的因素组成的统一体，是一种揭示对象的系统联系及其规律的观点和方法，具有相关性、整体性和有序性等特点。总体布局本身就具有整体性和全局性的特点，其内部构成要素主要包含经济、政治、文化、社会以及生态要素，这些要素是其子系统，总体布局被称为系统。总体布局因其内部各构成要素发挥其子系统的作用与积极性，进而来提高总体布局的整体性与运行的科学性。

第三，第一代领导集体对于新民主主义社会的构想与探索是总体布局形成的历史依据之一。新中国成立后，毛泽东对新民主主义共和国的架构作了初步探索。在科学把握国情的前提下，结合马克思主义基本原理，毛泽东对新民主主义社会做出了战略构想，主要体现是三大基本纲领的制定，政治纲领是建立以工农联盟为基础，各革命阶级联合专政的新民主主义共和国；实行新民主主义的经济纲领；新民主主义的文化纲领是发展民族的、科学的、大众的文化。应该说，三大基本纲领本身就是针对"如何建设新民主主义社会"的总体战略部署，为改革开放后社会主义总体布局的形成与发展奠定了坚实的基础。

第二章 中国特色社会主义总体布局形成与演进的依据

中国特色社会主义总体布局的形成与历史演进经历了几代中国共产党人的艰辛探索,在理论与实践中都取得了辉煌成就。然而,总体布局之所以能够成功演进并最终形成,追根溯源,具有重要的理论依据、历史依据和现实依据。

一 中国特色社会主义总体布局形成与演进的理论依据

目前,我国已经形成了"五位一体"的中国特色社会主义总体布局,这是总体布局不断演进的结果,其中包括经济建设、政治建设、文化建设、社会建设和生态文明建设,这五大建设辩证统一于实现富强、民主、文明、和谐的中国特色社会主义建设事业中。作为一种指导社会主义建设实践的科学理论和总体规划,总体布局的形成与历史演进有其坚实的理论依据。

(一)马克思主义社会有机体论

马克思主义社会有机体论是其唯物史观的重要组成部分,马克思主义认为,社会是由多种要素构成的活的有机体,主要内容包括生产方式、上层建筑、社会意识形态、自然环境和人口五大要素,共同推动人类社会的发展。马克思的社会有机体理论是分析社会关系和社会发展进程的重要理论依据，也是中国特色社会主义总体布局形成与演进的重要理论依据之一。

1. 社会有机体的整体性是总体布局形成的重要理论前提

社会有机体是由各种要素及其相互联系、相互作用而构成的有机整体，组成社会有机体的各个要素之间是密切联系，不容分割的，它在各种要素和结构的相互作用中得到整体上的推进和发展。而这种互相联系和作用方式表现为社会有机体的结构。社会结构是由组成社会整体的特定的部分、要素之间相互联系和结合的方式，其本质内容是人与人之间的社会关系，生动体现了社会有机体内部各要素之间的紧密联系和相互作用。

在社会交往的基础上形成了人与人之间的社会关系，这种社会交往本身是一种客观的、有意识的实践活动，并按照人们社会交往活动的领域和社会交往的价值目标不同，把人们的社会交往活动划分为经济的社会交往、政治的社会交往和文化的社会交往，相应地这种社会生活也划分出相互联系和作用的经济领域、政治领域和文化领域。人们之间这种社会交往的系统化、规范化、制度化就形成一定的社会结构，经济的社会交往制度化就形成一定的社会经济制度，即经济结构；政治的社会交往制度化形成一定的社会政治制度，即政治结构；文化的或者精神的社会交往制度化形成一定的社会文化制度，即文化结构。社会结构的合理划分及其高度的整体性，反映了社会有机体内部各要素的构成及其发展。在这种形成与发展的过程中，每个子结构作为社会有机体的重要组成要素，相互作用并紧密联结为高度和谐统一的整体。

根据社会有机体的整体性特征，"五位一体"的总体布局是一个整体推进的动态过程，它不仅是物质的极大丰富，政治民主的逐步推进，也是文化的高度繁荣，社会保障的不断完善，以及生态文明的不断进步，体现了社会主义现代化建设的整体性要求。中国现代化建设是一个动态的整体推进的过程，不是某一个方面的现代化，也不是其中几个方面的现代化，而是整体推进的现代化。社会主义现代化既要发展经济，更要保护环境，既要发展先进文化，更要发展民主政治，这就要求必须加强生态文明建设。推动经济建设、政治建设、文化建设和社会建设为生态文明建设提供坚实的物质基础、有力的政治保障、强大的智力支持和科学的制度保证。同时，生态文明建设中创造的良好的生态环境、先进的生态观念、进步的生态经济、有效的生态制度又为经济建设、政治建设、文化建设和社会建设提供进一步发展的生态基础和全新的内容。加强生态文明建设，促进人与自然的和谐发展，是全面推进"五位一体"总体布局的实践需要，也是实现全面现代化建设的本质要求。①

2. 社会有机体的开放性是总体布局演进与发展的重要理论依据

马克思主义认为，"社会不是坚实的结晶体，而是一个能够变化并且经常处于变化过程中的有机体"②，是一个开放的系统，它通过生产、交流、生活等不断地运转，不断地进行物质和能量的交换，继续生产和生命运动，从而使自身得到有效更新和发展。需要进一步说明的是，社会有机体的演进和发展并非一蹴而就，而是体现为一种要素或子系统的消耗和另一种形式的更新，从这一角度来说，社会有机体的整体性被贯穿于其开放发展性之中，以此达到社会有机体的科学合理运转。马克思指出，"任何一个有机体，在每一瞬间都是它本身，又不是它本身"③，即社会有机体处于发展变化中，其构成要素的产生与发展必然伴随固有要素的消耗甚至终结，社会有机体的这种唯物辩证性决定了它的发展将永无止境。

随着世情、国情、党情、社情、民情的变化与发展，社会主义建设也处于变化与发展之中，总体布局也从改革开放初期的"两手抓，两手都要硬"转变为包括政治建设在内的"三位一体"的总体布局；进入新世纪新阶段，我国社会面临诸多前所未有的新矛盾

---

① 许门友、李宏、梁丹丹：《中国特色社会主义重大现实问题研究》，中国社会科学出版社2014年版，第301页。
② 《马克思恩格斯选集》第2卷，人民出版社1995年版，第102页。
③ 《马克思恩格斯选集》第3卷，人民出版社1995年版，第361页。

与新问题。因此，党的十六届四中全会做出了构建社会主义和谐社会的重大战略决定，总体布局也由"三位一体"发展为包括经济建设、政治建设、文化建设、社会建设在内的"四位一体"；然而长期不计消耗地发展生产力，社会物质财富积累日渐雄厚，生活水平获得明显提高，但是以牺牲生态环境为代价的发展，资源面临枯竭、环境持续恶化等矛盾日益显现，生态环境面临前所未有的压力，严重影响了经济发展与社会进步。因此，党的十八大明确指出，要"把生态文明建设放在突出地位，融入经济建设、政治建设、文化建设、社会建设各方面和全过程"①。

可见，生态文明建设已成为总体布局的重要内容，至此形成了"五位一体"的中国特色社会主义总体布局。社会有机体具有开放性和发展性，随着社会有机体的变化发展，总体布局内部也会继续其变化和发展，会不时出现旧要素的消失和新要素的产生或发展，新旧更替、此消彼长。社会有机体将永远处于变化和发展之中。十八届三中全会上明确提出了要"全面推进社会主义经济建设、政治建设、文化建设、社会建设、生态文明建设，全面推进党的建设新的伟大工程"②。把党的建设同总体布局的五大构成要素并列提出，本身就是对总体布局具体内容的扩充和发展，也再一次证明了社会有机体的开放性。

（二）马克思主义社会发展论

马克思主义社会发展论认为人类社会本身是一个有机的整体，人类社会的发展也必然表现为社会经济、政治和思想文化等的全面发展、协调发展。社会发展规律则体现为生产力、生产关系，经济基础、上层建筑要素之间的矛盾运动，整体的发展离不开各要素之

---

① 胡锦涛：《坚定不移沿着中国特色社会主义道路前进，为全面建成小康社会而奋斗》，人民出版社2012年版，第39页。
② 《中共中央关于全面深化改革若干重大问题的决定》，《人民日报》2013年11月16日第1版。

间的相互作用,"不同要素之间存在着相互作用。每一个有机整体都是这样"①。各种社会关系构成了人类社会,从一定程度上说,社会的发展就是社会关系的发展。传统意义上的社会关系包含经济关系、政治关系和思想文化关系。所以,社会的全面协调发展就是构成社会关系各要素的协调发展,即经济关系、政治关系和思想文化的协调发展,也是生产力与生产关系、经济基础与上层建筑的协调发展。

"全面生产"理论是马克思社会发展理论的一个重要内容。马克思、恩格斯在《德意志意识形态》中深刻揭示了人类社会各要素如何相互作用推动社会发展的机理,概括了人类社会存在和发展的五个基本要素条件。

第一,物质资料的生产。它是"全面生产"中的"第一种生产"。马克思、恩格斯认为,人类生存的第一个前提也即一切历史的第一个前提"就是生产满足这些需要的资料,即生产物质生活本身"②。这是唯物史观的"第一原理",也是唯物史观与唯心史观的本质差别。

第二,人的"需要"的生产。马克思认为,"已经得到满足的第一个需要本身、满足需要的活动和已经获得的为满足需要而用的工具又引起新的需要"③。人的需要具有社会历史性,一旦满足了某种需要,又会创造出新的需要,社会只有从整体上满足绝大多数人的根本利益,才能推动社会持续健康发展。

第三,人口的生产。在马克思看来,人口的"增殖"既是一种自然行为,也生产出新的社会关系,构成社会关系的再生产,"生产出他人对他的生产和他的产品的关系"④。

第四,生产关系的再生产。在1847年《哲学的贫困》中,马

---

① 《马克思恩格斯全集》第12卷,人民出版社1962年版,第750页。
② 《马克思恩格斯选集》第1卷,人民出版社1995年版,第79页。
③ 同上。
④ 同上书,第49页。

克思第一次提出了"生产关系"的概念。唯物史观作为无产阶级的解放理论，尤其关注生产关系的生产和再生产，为了扬弃私有制，马克思给全世界无产者的出路在于改变不合理的生产关系，在他看来，要获得人类解放首先必须变革社会关系。

第五，精神、意识的生产。"思想、观念、意识的生产最初是直接与人们的物质活动，与人们的物质交往，与现实生活的语言交织在一起的。……表现在某一民族的政治、法律、道德、宗教、形而上学等的语言中的精神生产也是这样。"① 由此可见，社会的整体发展离不开"全面生产"，"全面生产"是社会整体、全面发展的基础，人类社会存在和发展的基本条件是多方面的。

正确理解和科学把握马克思主义社会发展论和其"全面生产"理论对于解读中国特色社会主义总体布局具有重要意义，可以说马克思主义社会发展理论是总体布局形成和发展的重要理论依据。改革开放至今经历了近四十年的实践与探索，我国综合国力显著增强，人民生活水平也有很大提高，初步进入小康社会，社会获得飞速发展。但是，社会的不断进步与发展会在一定范围内不可避免地出现一些"失衡"现象，要把我国建设成为社会主义现代化国家，就必须不断优化、提升科学全面发展的理念，走社会整体发展之路。就要全面整体推进中国特色社会主义事业总体布局这一重大战略目标。

（三）马克思主义的系统与要素论

系统与要素是马克思主义哲学中十分重要的范畴。系统绝不是组成要素的机械简单相加，而是有机组织起来，要素之间通过相互联系和相互作用，自然产生某种协同效应，随即形成特定的结构。这样就会使系统在复杂的相互作用中表现出统一性和协同性，系统因此以结构为载体表现出整体性的功能。可见，系统与要素是相辅

---

① 《马克思恩格斯选集》第1卷，人民出版社1995年版，第72页。

相成的。而总体布局与其构成要素的关系也是这样，总体布局作为系统，其内部构成为要素，各要素之间相辅相成、相互补益，进而达到有机统一，共同致力于总体布局作为系统得到整体性的提高。因此，马克思主义关于系统与要素的理论也是总体布局形成与演进的重要理论依据之一。

1. 系统与要素的内涵

马克思主义哲学认为，系统是指一个事物的各个组成要素或部分相互联系构成的统一整体及其整个过程。要素简单来说是指事物内部各组成部分及其发展的各个过程。世界上的一切事物不论范围大小，都是作为系统存在的。在自然界，从微观的夸克、基本粒子、原子核、原子、分子到宏观、宇观的地球、太阳系、银河系、总星系，都是不同层次的系统。生物界的分子、胶体粒子、细胞组织、器官、个体和生态群体等也是不同层次的系统。在社会领域，社会就是经济、政治、社会意识或思想文化等子系统构成的巨大系统。即任何事物都是自成系统而又与周围环境和条件构成包括自身在内的更大的系统，从其纵向发展或时间演进上看，它是由若干过程联结，然后形成一个不断演化的系统。社会作为一个巨大的系统，它的发展离不开其子系统（要素）的演进和发展。因此，中国特色社会主义总体布局作为一个系统，其内部起初包含经济的、政治的、文化的子系统，随着社会的不断发展和进步，系统会有新的更高的需求，各子系统也会不断地发展和演变，并且还会出现新的子系统。总体布局也在不停地演进和发展中，并将新的子系统，即社会的、生态文明的或者党的建设的子系统逐步陆续收入其中，科学有效地保证了总体布局的演进与发展。

2. 系统与要素间的联系

要正确理解马克思主义哲学关于系统的原理，必须科学把握系统与要素间的联系，没有联系这一思想就没有系统的思想观点。这种联系具有普遍性、特殊性和复杂性等特点，它包括了系统与系统之间的联系、系统与子系统之间的联系、子系统与子系统之间的联系等。正如恩格斯所说，事物都处于一种系统联系中，正是由于联系的普遍存在，系统内部各子系统之间相互联系，相互制衡，促进系统的整体发展。因此，总体布局作为系统，其内部构成要素作为子系统，子系统之间互为联系和依托，相辅相成，有机结合在一起，从整体上共同促进总体布局的全面协调和发展。

3. 整体与部分的关系

系统的本质特征有整体性、有序性、动态性、结构性、层次性和相关性等，其中最本质的特征是整体性。因此对于系统的理解和把握也需要着重考察什么是整体和部分及其它们之间的关系。整体是指整个事物或全局及其发展的全过程，部分是指整个事物的一部分或局部及其发展过程的各个阶段。整体由部分构成，整体依赖部分，整体的属性和功能是以部分的属性和功能为基础的，因此整体离不开部分；整体不是部分的简单相加，而是部分的有机结合，然后基于此形成了区别于部分的独特属性和功能，通常我们所说的"整体大于部分的总和"是指整体的属性和功能要远远大于部分简单的量上的累加。从亚里士多德、黑格尔到恩格斯都说过离开了身体的手不再有手的功能；部分隶属于整体，它只能在整体中才能发挥自己的属性和意义，离开了整体就没有了部分。

系统与要素的内涵及其联系、整体与部分的关系告诉我们要树立全局和整体意识，以全局和整体观点为指导，坚持系统分析方法，协调各要素或局部的相互关系，充分调动其积极性，灵活制定各种方案来实现整体功能的最优化。在建设社会主义现代化过程中，党始终努力发挥总体布局作为系统和整体的最大功能，同时极为重视其内部各子系统（要素）或部分之间的紧密联系，比如，党极为重视充分发挥经济建设的基础性作用，政治建设的保障作用，文化建设的智力支持等，并努力最大限度地发挥其各自特有的属性和功能。可见，马克思主义关于系统与要素的理论无疑是总体布局形成的重要理论依据。

二 中国特色社会主义总体布局形成与演进的历史依据

总体布局的形成与演进除了有坚实的理论依据、客观的现实依据外，还有着丰富的历史依据。社会主义总体布局的形成与演进既要科学吸收苏联建设社会主义的历史经验与教训，也要正确借鉴延安时期边区建设的历史经验，同时还要借鉴孙中山新"三民主义"的有关思想。

（一）苏联社会主义建设的历史经验与教训

1. 苏联关于经济管理体制改革的经验与教训

十月革命胜利后，布尔什维克党建立了无产阶级领导的苏维埃政权，20世纪30年代初，苏联根据自身对马克思主义经典作家关于社会主义经济制度的理解，以及对本国社会主义经济建设的实践，逐步建立了人类历史上较为完整的社会主义经济管理体制，这是一种国家自上而下、高度集中地有计划地管理经济的体制。在这种体制下，国家机关是经济管理的主体，它既是生产资料的所有者，又是直接的经营管理者，企业必须无条件地履行完成国家计划任务的义务，没有经营自主权。国家管理经济的方法以行政方法为主，忽视各种经济杠杆的作用。否定商品货币关系、否定企业具有相对独立的经济利益。这种高度集中的经济体制存在严重弊端，集中过多，统得过死，企业缺乏发展生产、改进经营的内在动力，企业经济效率低下。随着社会分工越来越细，经济关系越来越复杂，这种完全用行政指令管理经济的方法严重影响到国民经济的发展，因此，苏联着手进行了3次关于经济管理体制的改革。

第一次是1957年以改组工业和建筑业为主的经济改革。这一次经济体制改革是赫鲁晓夫提出的，对于工业和建筑业的改革基本原则是把部门管理原则改为地区管理原则，取消部门管理体制，推行经济行政区管理体制，在全国范围内设置 105 个经济行政区，每个区设立一个国民经济委员会，用来领导该区所有的工业和建筑企业，具有进行经济和财政活动的一切权力。这一举措对于充分发挥地方积极性，促进同一地区不同部门企业间的协作发挥了重要作用，也大大地改进了各地区内部经济发展的平衡，但是却产生了严重的地方主义和分散主义，还引起了经济混乱，工业增长速度的下降。同时，技术政策的统一性遭到破坏；机构重叠，形成多级管理，管理臃肿；不利于提高专业领导水平。总体来说，这次改革是不成功的。

第二次是 1965 年以加强经济杠杆与经济刺激为核心的经济改革。1964 年勃列日涅夫当政后，根据当时的经济形势，按照新的改革思路，注重对经济的刺激，进行新的、带有全面性的改革。首先，对于 1957 年改革出现的若干问题，采取撤销国民经济委员会，进一步恢复工业、建筑业并实行以部门为主进行管理的原则，重建全联盟部和联盟兼共和部。其次，改进计划工作。在改革中仍然坚持指令性计划制度的同时，进一步扩大企业的自主经营权，并弱化国家下达给企业的指令性指标。同时，以销售额为主的指标体系取代以总产值为主的指标体系。最后，加强对生产的经济刺激，即以多种方法刺激企业和工人的积极性。比如，扩大企业自主权，赋予其一定的经营权、财权、基本建设决策权，实行完全经济核算制；对职工实行物质刺激。

苏联 1965 年经济改革初见成效，1966—1970 年国家经济明显回温，经济效益有所提高。但是，因其仍然没有改变原有体制模式，进入 20 世纪 70 年代后，改革不彻底、阻碍生产力发展的因素并没有得到消除，其带来的后果也日益显现，甚至社会经济发展还出现停滞。

第三次是 1979 年以完善新经济体制为目的的经济改革。由于经济管理体制存在很大弊端，企业缺乏积极性和主动精神，20 世纪 70 年代苏联经济增长速度持续下降，1979 年的国民收入只增长了 2%，大大低于计划规定的指标，是二战结束后经济增长率最低的一年。因此，苏联颁布了《关于改进计划工作和加强经济机制对提高生产效率和工作质量的作用》这一决议，目的是进一步完善经济机制。具体说来，要改进计划工作，在指令性计划制度不变的前提下，改进计划制订方法，优化计划指标体系，将定额净产值作为衡量企业生产发展的综合指标。要提高基本建设投资效率，就要把现有生产和新建工程统一起来制订计划，发包单位和承包单位之间按完全建成并交付使用的工程项目进行结算。要进一步加强经济杠杆和经济刺激的作用，改进物质鼓励基金提取办法，加强对提高效率和质量的刺激，扩大奖励的数额和范围，在企业内部大力推行作业队承包制。由于1979年的改革完全没有改变高度集中的经济管理体制，只是"修补"性的，因此不可能从根本上克服原有经济体制的弊端。

总之，这三次改革都是在生产资料公有制基础上改变具体的经济体制，促进生产力的发展。然而，这三次改革都不成功，其根本原因在于没有看到原有的高度集中的计划经济体制已经束缚了生产力的发展，只是在原有经济体制的框架下采取修修补补的措施，这样的改革不但不能解决原有经济体制的弊端，反而掩盖和积累了很多经济发展问题。比如，认为计划经济是社会主义的本质特征，市场经济则是资本主义性质的，改革只能在计划体制下运行，不能发挥市场的调节作用，更不能使市场经济成为经济发展中的基础性机制。

苏联失败的经济改革为中国特色社会主义经济建设提供了宝贵的经验教训。1958—1978年，我国极端僵化的计划经济体制、低效扩大的人民公社制度等大大破坏了生产力，阻碍了经济的发展。与苏联经济体制改革不同，自1978年改革开放以来，中国从实际出发对内实行经济改革，对外实行开放，摒弃了计划经济体制，实行家庭联产承包责任制，逐步建立社会主义市场经济体制，冲破计划代表着社会主义、市场代表着资本主义的传统观念，我国国民经济保持高速增长。2013年11月，党的十八届三中全会报告中明确提出要"紧紧围绕使市场在资源配置中起决定性作用深化经济体制改革"，更加明确了市场在经济发展中举足轻重的地位。

2. 苏联关于政治体制改革的经验与教训

1924年列宁去世后，在政治建构上，苏联逐步建立了高度集中的政治体制。权力集中和个人专断日盛，以党代政的领导体制造成了人治代替法治，干部委任制与终身制，党和国家缺乏有效的权力监督和制约，社会主义民主遭到极大限制和破坏，社会矛盾严重激化，苏联"除了改革，没有出路"。但是，戈尔巴乔夫的改革最终导致了苏联解体，根本原因在于戈尔巴乔夫式的改革完全脱离了社会主义社会的本质要求，也脱离了苏联国情。1989年5月至6月，苏联召开人民代表大会，开始推行政治公开性和民主化。戈尔巴乔夫不重视发展党内民主，改善党的领导，不重视建设苏维埃民主，完善苏维埃制度，而是削弱甚至取消党的领导，并推行西方三权分立的政治体制，使苏维埃变成议会或立法机关，同时允许建立反对派组织。1990年，苏共先后召开两次中央会议，不仅修改宪法，还取消了苏共的法定领导地位，实行多党制和总统制。同年7月，苏共召开二十大，通过了《走向人道的、民主的社会主义》纲领性文件，使民主社会主义成为完整的体系。在政治上实行议会制、总统制和多党制，取消共产党的领导，其指导思想、奋斗目标、阶级属性、地位作用和组织原则都发生了根本性的改变，国家政权处于半瘫痪状态。由于苏联领导集团在政治改革中一系列的错误政策，加上苏联长期积压的历史问题等综合因素终于导致苏联解体。

苏联政治改革失败的经验和教训对于中国特色社会主义政治建设具有重要的历史借鉴意义，为中国政治体制改革提供了重要历史依据。在政治体制改革中，必须正确处理政治体制改革与经济体制改革之间的关系；必须在坚持四项基本原则的框架下进行社会主义的政治体制改革,"既不走封闭僵化的老路、也不走改旗易帜的邪路"①,既要以苏为鉴,同时也绝不照搬西方资本主义模式;要加强执政党的建设,使共产党始终代表最广大人民的根本利益。

(二) 延安时期边区建设的历史借鉴

在中国共产党延安时期边区建设的社会实践活动中,中国共产党在各个领域的成功经验,为中国共产党在全国范围内的执政积累了丰富的经验,也为总体布局的形成与发展演进提供了重要的历史借鉴。

1. 延安时期边区民主政治建设

延安时期,是中国共产党大胆地把马克思主义的国家学说成功运用于边区根据地建设的光辉典范。在政治建设上,第一,实行"三三制"的政权组织形式。简单来说,"三三制"是在政权中发挥重要作用的共产党员大体占三分之一,由左派进步分子大体占三分之一,由中间分子、地主、富农、民主党派等大体上占三分之一。但是,"数目的分配是一种大体上的规定,各地须依当地的实际情况施行,不是要机械地凑足数目字"②。在这一政权中,虽然共产党员的数量不一定占多数,但是在政权中必须处于领导地位,因为党的领导地位对于根据地政权的存在、巩固与发展都具有决定性作用。另外,共产党不能独占或"包办",更不能实行"一党专政",尤其是在处理与党外人士的关系时,更应该注意。可以说,"三三制"对于今天中国共产党领导的多党合作和政治协商制度实施的科学性和有效性提供了重要借鉴。

第二,实行民主选举制。1937年下半年始,陕甘宁边区开始实行民主选举,即"实施普选的彻底的民主制度"③。并规定"凡

---

① 胡锦涛:《坚定不移沿着中国特色社会主义道路前进,为全面建成小康社会而奋斗》,人民出版社2012年版,第12页。
② 《毛泽东选集》第2卷,人民出版社1991年第2版,第743页。
③ 中央档案馆:《中共中央文件选集》11,中共中央党校出版社1986年版,第158页。

满十八岁的赞成抗日和民主的中国人,不分阶级、民族、男女、信仰、党派、文化程度,均有选举权和被选举权"①。毛泽东认为,这种所谓"普选的民主政治"将成为"全国民主政治之先导"。② 同时,在选举过程中还大胆尝试竞选,陕甘宁边区的选举条例中规定:各抗日的政党和群众团体,可以拟定候选名单和竞选政纲,来开展竞选活动。党关于开展民主选举的措施大大调动了人民群众的积极性,他们满怀热情,积极投身于陕甘宁边区的政权建设中,也为当今中国选举制度的建立和完善提供了重要借鉴。

第三,加强民主法治建设。延安时期中国共产党加强民主法治建设的表现主要有:一方面,建立健全法律法规。在基本法方面,先后制定并颁发了《陕甘宁边区抗战时期施政纲领》《陕甘宁边区施政纲领》,两大基本纲领在当时具有"宪法"性质,是陕甘宁边区法治建设的准绳。也有关于保障人权的法律,对于群众应该享有的民主自由权利作了明确说明,这是中国共产党加强民主政治建设的突出贡献,如1942年中共颁布的《陕甘宁边区保障人权财权条例》中明确规定:本条例以保障边区人民的人权财权不受非法侵害为目标。开辟了用法律保障人权的新纪元。另一方面,严格执法。严格执法集中表现为法律面前人人平等。一切抗日人员,不论其阶级出身,在法律面前一律平等;一切政府公务人员,不论职位高低、功过如何,在法律面前一律平等。另外,以加强人民群众的监督为手段促进廉政建设,要经常将各级干部及公务人员置于人民群众的监督之下。群众可以通过直接或间接手段进行监督,直接手段是人民可以用任何方式控告公务人员的不法行为,间接方式是群众可以借助直选出的参议员对违法渎职的公职人员进行罢免。总之,加强民主法治建设和加强廉政建设的相关措施,为今天我们继续推行依法治国的基本方略、加强权力制约与监督、加强廉政建设等提

---

① 《毛泽东选集》第2卷,人民出版社1991年第2版,第743页。
② 中央档案馆:《中共中央文件选集》11,中共中央党校出版社1986年版,第392页。

供了重要借鉴。

2. 延安时期边区经济建设

抗日战争时期，边区都建立在农业生产和农村经济极为落后的偏远地区，恢复并进一步发展农村经济就成为边区建设中最为紧迫的任务。在边区经济的建设过程中，积累了不少成功的经验，为今天社会主义经济建设提供了重要历史依据，主要体现在以下几个方面。

第一，把农业生产摆在经济建设的首位。以毛泽东为核心的党中央高度重视陕甘宁边区的经济建设，并始终把农业生产摆在经济建设的首位。原因在于陕甘宁边区是农村抗日根据地，农业经济是主要经济。当时战争需要的粮食、布匹以及其他物资，都主要来源于农业生产。因此，在边区经济建设中，农业的生产、农村经济的发展，直接关系着根据地建设的命运和前途。因此，1939年6月，毛泽东在延安高级干部会议上强调，吃饭是第一个问题，在大生产运动中，要把发展农业，解决吃饭问题始终放在第一位。在党的《抗日救国十大纲领》中也强调指出要"整顿和扩大国防生产，发展农村经济，保证战时生产品的自给"[1]。随着抗日战争进入相持阶段，国民党顽固派开始对边区实行严格的经济封锁，边区也更加注重发展农业经济。党在《关于1942年边区经济建设的决定》中指出，在经济建设方面，要用全力贯彻农业第一并发展私人经济的路线方针，人民生活水平的提高，最根本的是依靠边区经济的发展，尤其是在边区发展农业。

第二，重视工商业的发展。党中央在重视农业生产的同时，也十分重视工商业的发展。毛泽东强调："为着打败日本侵略者和建设新中国，必须发展工业。"[2] 在党中央和边区政府的路线、方针、政策的指导下，边区制定了一系列发展工商业的实践措施。当时的商业政策是以统一领导和分散经营的方式来发展公营工业。对内要

---

[1] 中央档案馆：《中共中央文件选集》10，中共中央党校出版社1985年版，第318页。

[2] 《毛泽东选集》第3卷，人民出版社1991年第2版，第1080页。

发展自由贸易，鼓励和奖励私人商业的发展；对外要灵活调剂输出输入，支持土特产的输出及必需品的输入；允许商业合作但是坚决抵制商业资本的过分剥削。同时，保护和发展合作社经济、个体经济和有利于国计民生的资本主义工商业。基于这些认识，边区的农村商业开始繁荣起来，主要表现在，成立农村消费合作社、建立集市并促进其繁荣发展、定期召开骡马交流大会等。

第三，积极发展边区金融事业。发展边区金融事业至关重要，在边区人民的努力下，边区金融事业得到了很大发展。1937年10月1日，在苏维埃国家银行的基础上，成立了陕甘宁边区银行，其最高机关是边区银行委员会，直接受边区政府领导，1943年以后，由西北财经办事处兼管，属于双重领导。银行内部关于业务方针的制定和监管，发行数量的明确和监督，分支行的成立，投资与信贷的修订，收益的分配与处理，要经过西北财经办事处的审核。1938年4月1日，光华商店成立，它是边区银行为积累资本专门成立的唯一商业机构。在其下面又设立了不少分店，如定边、盐池、曲子、庆阳、绥德等，后来有些分店发展为边区银行分行，如绥德分行、陇东分行。1942年，边区银行又设立了商业处，用来领导光华商店。

在抗日战争时期，由于陕甘宁边区是相对独立的地方行政特区，拥有独立的政治和经济地位，所以边区银行具有中央银行（国家银行）的性质。在当时边区银行执行"发展经济，保障供给"的总方针，主要有六大业务：吸收存款、开展汇兑、代理金库、管理"外汇"和金银、建立信用合作社、放款业务。通过六大业务，边区银行在发展经济，支持财政和稳定金融，保持出入口平衡，反封锁斗争等做出了重要贡献。

3. 延安时期边区文化建设

总结并概括延安时期文化建设的历史经验，对于更好地发挥社会主义先进文化的促进作用，对于进一步促进社会主义先进文化建设，建设社会主义文化强国提供了非常重要的历史借鉴。

第一，充分认识到文化建设的重要性。延安时期，中国共产党人高度重视充分发挥文化的引领作用。毛泽东曾强调："革命文化，对于人民大众，是革命的有力武器。革命文化，在革命前，是革命的思想准备；在革命中，是革命总战线中的一条必要和重要的战线。"① 他还进一步指出，在中国人民谋求解放的战争中，有两个军队，一个是手里拿枪的军队，一个是文化的军队，文化的军队是团结自己战胜敌人必不可少的军队。在抗战阶段，文化建设有利于充分动员和组织民众，从文化层面积极宣传教育和组织全民抗日。文化建设有利于提高军队的素质和修养，进一步提高军队的战斗力。毛泽东曾引用拿破仑的话强调，一支笔可以当得过三千支毛瑟枪。没有毛瑟枪，只有笔杆子是无用的，有了笔杆子，再加毛瑟枪，力量就大了。"有了这，什么帝国主义也不怕，什么顽固分子也不怕。"② 总的来说，延安时期文化建设对于政治、经济和军事建设，以及根据地的建设和巩固都发挥了举足轻重的作用。

第二，建设民族的、科学的、大众的文化。在抗日战争时期，在国民教育、社会教育、干部教育上放在第一位的是抗日的政治教育，即宣传教育民族文化。延安时期将抗日的政治教育放在首位，以此激励边区人民抗战的自尊心和自信心，巩固人民抗日的斗志。同时，在边区文化极其落后，封建残余思想非常严重的前提下，党十分重视加强对边区人民的社会科学、自然科学的教育普及问题。"要用自然科学来了解自然，克服自然和改造自然，从自然中得到自由。"③ 在党和边区人民的共同努力之下，当时边区的人文社会科学与自然科学都得到了进一步的发展，成立了不少研究机构和团队，并涌现了大批自然科学研究人才。

另外，边区积极推动对民众文化的思想启蒙，大力推进和倡导

---

① 《毛泽东选集》第2卷，人民出版社1991年第2版，第708页。
② 《毛泽东年谱》中，中共中央文献出版社1993年版，第148页。
③ 雷云峰：《陕甘宁边区史：抗日战争时期》上，西安地图出版社1993年版，第230页。

大众文化。要发展大众文化，就必须做到使文化充分代表大众利益，为人民群众所理解和掌握，然后成为解放大众的思想武器。为此，延安时期中国共产党一方面加大对马克思主义通俗化的宣传和研究，毛泽东创作出了《矛盾论》《实践论》等通俗化、大众化的著作。另一方面，重视文艺的大众化，"注重宣传鼓动工作的通俗化、大众化、民族化，力求各种宣传品的生动与活泼"①。

4. 延安时期边区社会建设

抗日战争时期，中国共产党十分重视社会建设，边区社会发生了巨大变化，主要表现在社会风气的转变、教育文化事业的发展、医疗卫生事业的进步。

第一，在转变社会风气方面，边区社会存在各种封建迷信以及封建礼教等陈规陋习，严重阻碍了人们的思想开化与社会的文明进步。20世纪三四十年代，中国共产党开展了一场为边区移风易俗的社会改造运动。一方面，要求提倡科学，反对封建迷信。采取多种手段，开展反对迷信的说服教育活动，并坚决取缔封建巫神（旧社会里以装神弄鬼替人祈祷为职业的人，他们以除灾祛病为幌子，进行封建迷信活动。）的迷信活动和迫害活动。另一方面，要求维护妇女权益，推动男女平等的实现。抗战时期，中国共产党在边区开展了一场维护妇女权益的伟大革命，党和边区政府颁布了禁止妇女缠足裹脚的规定；制定并颁发了婚姻法，还要积极鼓励妇女参政议政，提高妇女在各项工作中的地位；以社会教育提高妇女的文化水平，重视发挥知识女性的带头模范作用；鼓励妇女积极参加边区的经济建设，以经济上的独立实现在家庭中的平等。至此，边区的社会风气得到了极大的转变。

第二，在教育文化事业的发展上，抗日战争时期，边区发动了一场较有规模的社会教育运动，扫盲是主要任务之一。1939年，

---

① 中央档案馆：《中共中央文件选集：1939—1940》第12册，中共中央党校出版社1991年版，第72页。

边区颁布了《消灭文盲三年计划草案》,把14岁到40岁作为扫盲对象,据统计约有36万文盲,计划在3年内消灭18万文盲。为了进一步发展教育文化事业,边区政府在财政非常紧张的情况下,投入1/7的教育经费,大力提高边区的教育水平,支持群众自办小学,大大增加了学校的数量,提高了入学率。同时,党中央也十分重视对边区干部的教育,边区先后办起了50余所干部学校,为边区和全党培育了大批党政、军事、科技、农业、医疗等方面的人才。另外,边区还颁发了《陕甘宁边区模范学校、半日校暂行条例》《陕甘宁边区各县社会教育组织暂行条例》等,大大促进了边区教育文化事业的发展。

第三,在医疗卫生事业方面,抗日战争时期,中国共产党和边区政府十分关心广大军民的健康,在医疗卫生事业方面做了很多努力。首先,制定许多行之有效的医疗政策和制度。1939年,边区政府颁布了《陕甘宁边区卫生处组织条例》与《陕甘宁边区卫生处处务规程》等;1941年,中共中央颁发的《陕甘宁边区施政纲领》中明确规定:推广卫生行政,引进医疗设备,招纳医务人才,减轻人民痛苦。在极度艰苦的条件下,成立了许多医疗卫生机构,比如,建立了防疫委员会、保健药社、卫生合作社等群众性的民间医疗机构,还在边区政府的民政厅建立卫生处,组织管理边区的医疗卫生事务,建立医疗卫生学校,如中国医科大学、边区医学学校,以及白求恩护士学校等医疗研究教育机构。同时,边区政府还积极开展医疗卫生的宣传工作,利用党报、军刊等积极进行宣传,1941年发刊的《解放日报》就把医疗卫生宣传作为重要内容,并为医疗宣传设立副刊。中央军委总卫生部还创办《国防卫生》杂志等。边区的医疗卫生事业得到空前发展,为抗日战争的胜利做出了重要贡献。

延安时期边区的社会建设主要围绕着社会风气的转变、教育文化事业的发展、医疗卫生事业的进步,有力解决了边区社会的民生问题,缓和了社会矛盾,为构建边区和谐社会做出了突出贡献。为总体布局中的和谐社会建设提供了十分重要的历史借鉴。总之,延安时期边区的各项建设对于根据地的巩固和发展具有重要意义,并为抗日战争的胜利打下坚实的基础。以上延安时期边区关于政治的、经济的、文化的、社会的建设经验为中国特色社会主义总体布局的形成与演进也提供了重要的历史依据。

(三)孙中山的新"三民主义"

1903年秋,中华民族在民族危亡之时,孙中山在《东京军事训练班誓词》中首次完整地提出了三民主义的思想:驱除鞑虏、恢复中华、创立民国、平均地权,即民族主义、民权主义、民生主义。1924年,孙中山在国民党第一次全国代表大会"宣言"中,提出了"联俄、联共、扶助农工"三大政策,重新阐释了三民主义。"新三民主义",是孙中山生前对其"三民主义"思想做出的最后修正,是孙中山晚年联俄联共、扶助农工思想的重要体现。

孙中山民权主义中包含:第一,主权在民,全民政治。"主权在民,民国之通义","人民是国家的主人,官吏是人民的公仆","我们主张民权,是要把政权放在人民掌握之中"[①],让人民直接行使民权,让人民直接管理政府。第二,实行民权政体。主张建立民主立宪政体,在中国实行五权宪法,将政权和治权分立,政权归国民大会。第三,政党政治论。孙中山认为,代议政体一定要政党来执政,政党最根本的性质就是代表民意,为国家、为民众谋利。第四,地方自治论。孙中山认为,地方自治是建设国家的基础,强调应划定中央与地方的权限,使国家统一与省自治,各自独立又互相促进,同时确定县也成为自治单位,促进民权主义的发展。

从以上民权主义的有关内容来看,民权主义为当下社会主义民主政治建设提供了重要资政,民权主义闪烁着社会主义民主政治建设的光辉,要求主权在民,实行"五权宪法"等,实质是实行人民

---

① 孙中山:《三民主义》,岳麓书社2000年版,第137页。

民主，并立足中国国情，凸显中国特色，为今天我们实现全面深化改革的总目标提供了重要借鉴，对于完善中国特色社会主义制度，推进国家治理体系和治理能力的现代化提供了政治勇气和信心。孙中山的民权主义充满法制精神，对我们当今加强法制建设也具有重要借鉴意义。

目前，依法治国已经成为我们党领导和治理国家的基本方略。同时，民权主义中的地方自治论阐明要大力推行基层民主建设，为目前我们党正在实施的村民自治特别是县级自治的试点行为，为全国范围内的直接民主提供了宝贵经验。另外，在孙中山的五权宪法中涵盖了防止权力的滥用和腐败，制衡权力等内容，无疑为我国目前加强权力制约与监督，加强廉政建设，打击腐败提供了重要思想启示。

孙中山认为，民生主义的内容包括："第一个是平均地权；第二个是节制资本。"[1] 民生就是"全国人民皆享受其生产结果"，"就是人民的生活、社会的生存、国民的生计、群众的生命"[2]，研究民生问题就是要解决衣、食、住、行四种需要。它的主要特征是"人民共享"，来达到经济上的平等，并进一步解决社会问题。在中国特色社会主义建设的新时期，党也极为重视改善民生这一问题，2007年10月，党的十七大报告运用很长的篇幅声明要"加快推进以改善民生为重点的社会建设"，努力做到"促进社会公平"，"推动建设和谐社会"。2012年11月，党的十八大报告再一次强调"加强社会建设，必须以保障和改善民生为重点"，"要多谋民生之利，多解民生之忧，解决好人民最关心最直接最现实的利益问题"[3]。

民生主义要求必须防止"两极分化"，孙中山认为，实行民生

---

[1] 孙中山：《三民主义》，岳麓书社2000年版，第189页。
[2] 同上书，第167页。
[3] 胡锦涛：《坚定不移沿着中国特色社会主义道路前进，为全面建成小康社会而奋斗》，人民出版社2012年版，第34页。

主义，必须注重分配问题。对此，党也明确提出要"深化收入分配制度改革，增加城乡居民收入"，"实施扩大就业的发展战略"，"建立覆盖城乡居民的社会保障体系"等一系列有效措施。孙中山关于分配均衡的论断对于今天我们应对贫富差距，对于党的十六大以来全面建设小康社会的重大实践等问题都具有重要启迪意义。

同时，民生主义认为要切实保障农民的合法权益。孙中山十分重视"耕者有其田"，他认为，"对于农民的权利，有一种鼓励，有一种保障，让农民自己可以多得收成。"要保障农民多得收成，就要"平均地权"，"照道理来讲，农民应该是为自己耕田，耕出来的农品，要归自己所有"。① 要做到切实保障农民的权益，尤其是当下我们的政策除了推动农村经济发展、增加农民收入，也应该"依法维护农民土地承包经营权"，积极引导农民建立各类自治组织，促进农村社会健全发展。

总之，民生主义是民族主义、民权主义的出发点和落脚点，在当时发挥了重大而积极的影响，在今天民生主义的有关内容也为总体布局中的社会建设提供了重要思想借鉴。

三 中国特色社会主义总体布局形成与演进的现实依据

总体布局的形成与演进离不开现实的实践环境，即总是处在一定的客观环境之下，并随着客观环境的变化而变化，这种客观环境就是总体布局形成与演进的现实依据，包括时代依据和国情依据。

（一）时代特征

时代是指不同的历史发展阶段。时代问题不仅是研究国际问题的最高层次，也是我们研究中国特色社会主义总体布局的重要现实依

---

① 孙中山：《三民主义》，岳麓书社2000年版，第210、210—211页。

据。马克思、恩格斯认为，他们所处的时代是"资产阶级时代"，并以此来分析诸多问题。列宁也强调，只有首先解析从一个时代向另一个时代客观条件的转变，才能认清我们面前发生的极为重大的历史事件。

1. 和平与发展是当今时代的主题

20世纪80年代后期，邓小平总结世界力量对比的新变化和新形势，提出"和平"与"发展"是两个全局性、战略性的问题，后来上升为世界主题，预示着世界格局的新发展；20世纪90年代初，他又正式提出了"多极化发展趋势"的新论断，这是由资本主义向共产主义过渡的时代。十七大报告明确指出，和平与发展仍然是当今时代的主题，求和平与谋发展以及促合作已经成为不可逆转的时代潮流。这也是21世纪甚至更长的时间里人类面临的根本问题，体现了全世界人民共同努力的主观目标。

从战后国际形势的发展演变分析，和平是带有全局性和战略性的问题，直接关系到人类的生存问题。从和平的可能性来看，20世纪上半叶，人类经历了两次世界大战的浩劫，人口伤亡总计1亿人左右，物质财富的损耗和破坏更是不计其数，给世界和平蒙上了挥之不去的阴霾。因此，它深化了世界人民反战求和的愿望，为战后的和平主义思潮打下牢固的思想基础。第二次世界大战使世界力量对比发生了深刻变化，战争所催发的军事科技革命对制约新的世界大战的爆发有重大意义，并建立了以大国一致为基础的、最具代表性和权威性的、维护世界和平与国际安全、关注国际经济社会发展的国际制度安排——联合国体制。目前，只有个别发达国家有资格发动世界大战，但由于恐怖的"核均衡"，它们都不会轻易发动战争。苏联解体后，世界大战更难打起来了，只有美国一家独霸的危险。另外，高科技的开发与急剧扩散也将会成为制约战争的重要因素。可见，世界大战在短期内不会爆发。

发展问题至关重要，发展直接关系到全人类的文明进程，更与第三世界人民的进步休戚相关，然而诸多因素制约了整个世界的发展。二战以来发达国家利用历史形成的巨大经济、技术优势，竭力维护不公正、不合理的国际经济旧秩序，广大发展中国家在资金、技术和工业生产资料等方面与其差距较大，不得不接受以不等价交换为实质的国际贸易体制，并屈从于由国际垄断资本所支配的国际货币金融体系。20世纪80年代后，南北双方在经济和社会发展水平方面的差距进一步扩大，世界范围内的贫富悬殊问题日益突出，这些问题直接制约和阻碍了发达国家和发展中国家的发展。可见，发展是解决这些问题的关键。

从实践和现实出发，发展无疑是当今时代的主题。新科技革命在世界范围内蓬勃发展，经济、科技在国际竞争中的地位日益上升，世界各国都不得不将重点放在经济和科技的发展上。经济全球化已使各国之间的依赖日益加深，发展中国家需要发达国家提供先进的科学技术，并学习发达国家先进的管理经验，而发达国家的继续发展也有赖于发展中国家，比如，需要发展中国家提供丰富、廉价的劳动力资源，需要发展中国家广阔的商品销售市场等，这使得各国之间通过交流合作、共同发展来一起克服困难和挑战的机会大大增加。另外，各种全球性公共问题的出现和恶化必须借助世界各国的共同发展得以解决，比如，环境恶化、国际恐怖主义、高传染性疾病的蔓延、人口爆炸和粮食危机等问题仅依靠一个或几个国家的努力是远远不能解决的，必须依靠各国的协同发展。

和平与发展两大主题的提出，揭示了国际社会未来发展的大趋势，有利于巩固我国坚持以经济建设为中心的基本路线，尽管世界还存在着霸权主义和强权政治的威胁，战争和其他不稳定因素在一定时期内有可能表现突出，但是任何要改变世界和平与发展的反动势力都会受到强有力的制约，可以说，两大时代主题具有重要的现实意义。

2. 生态危机的全球性扩展

人类从来没有像今天这样强烈地感受生态危机对自身生存和发展带来的重大威胁，也从来没有像今天这样强烈地感受到生态问题从一个局部性的威胁，悄悄演变成了一个全球性问题。

恩格斯曾预见了人类与自然界的关系，作为自然存在物的人必须要与自然界和谐相处，人类不要站在自然之外去统治和主宰自然，否则自然界必然会无情地报复人类。他说："我们不要过分陶醉于我们人类对自然界的胜利。对于每一次这样的胜利，自然界都对我们进行报复。每一次胜利，起初确实取得了我们预期的结果，但是往后和再往后却发生完全不同的、出乎预料的影响，常常把最初的结果又消除了。"① 其实，工业化的过程就意味着人们对自然力的征服，期间人们受到自然力报复的情况却比历史上任何时期都要广泛和深刻。恩格斯所说的"报复"，就是指人类的行为违背了生态平衡的自然发展规律而遭到自然界的惩罚。总之，自然界的恩惠和宽容是有限的。

工业革命虽然开启了工业文明时代，科学技术发展日新月异，经济获得高速度发展的同时，也导致了巨大的环境灾难。自然资源被过早地损耗与破坏，自然环境污染严重。全世界范围内约有1/3的沿海地区遭受严重污染，可以说，海洋污染已经严重威胁到海洋20多万种生物的生死存亡。还有就是全球性的气候变暖问题，二氧化碳等的排放量居高不下。全球气候变化受到了世界人民的关注，应对气候变化已成为世界各国政治经济生活中的一件大事。20世纪80年代以来，面对生态危机的全球性蔓延，我们党正努力采取一系列措施，加快缓解经济的进一步发展与生态环境间的突出矛盾，由党明确提出的"科学发展观"到最终在党的十八大报告中，把建设社会主义"生态文明"作为中国特色社会主义总体布局的重要组成部分明确提出并阐释，足以证明中国政府十分重视加强生态文明建设。

生态危机全球性扩展对整个人类构成了巨大威胁，这种威胁已远远超过战争、瘟疫，保护地球家园已刻不容缓，各国也在为正确

---

① 《马克思恩格斯选集》第4卷，人民出版社1995年版，第383页。

处理人与自然的关系，科学应对生态危机做出努力。总之，生态危机的全球性扩展是当今时代的一个重要特征。

（二）国情特点

马克思主义哲学认为世界的物质统一性在于世界的物质性，而这种统一建立在客观实在的基础上，"人们在认识和把握自然、社会、世界时，就要按照它们本身所呈现的样子来理解世界，从事实本身的联系来把握事物"[①]。同时，毛泽东对"实事求是"做出全新的马克思主义解释，成为马克思主义哲学的根本观点和中国共产党的思想路线，他指出："'实事'就是客观存在着的一切事物，'是'就是客观事物的内部联系，即规律性，'求'就是我们去研究"[②]，要从国内外、省内外、县内外、区内外的现实出发，从中寻找其固有的规律，找出其中事变的内在联系，作为我们行动的向导。马克思主义、毛泽东思想和中国特色社会主义理论体系的精髓就是实事求是。

要坚定不移地高举中国特色社会主义伟大旗帜，建设社会主义现代化事业，科学理解和把握社会主义总体布局，就必须从我国的实际情况即现实国情出发，坚持"实事求是"。国情是一个内容十分丰富的综合性、历史性的范畴，是国家的基本情况，包括国家的社会性质和社会文明的发展水平；包括一定的国家自然状况和社会状况；也包括一定的国家社会发展历史和传统特征等。具体来说包括国家的"地理位置、国土面积、经济实力、人口状况、阶级结构、科技水平、政权形式、社会制度、文化特点、自然资源、民族关系、宗教信仰、教育程度、军事实力、对外关系等"[③]。

尽管国情内容极为丰富，但是有两个基本特征应该备受重视。第一，社会性质和社会文明程度，特别是生产力的发展水平，这在国情

[①] 陈先达、杨耕：《马克思主义哲学原理》，人民大学出版社2010年版，第63页。
[②] 《毛泽东选集》第3卷，人民出版社1991年第2版，第801页。
[③] 赵学清、颜晓峰：《多维视角认识社会主义初级阶段国情》，《南京政治学院学报》2007年第5期。

众要素中发挥着举足轻重的作用,不但体现了国家的社会性质,而且决定着这个国家的发展方向、发展趋势以及发展进程。第二,国情具有历史阶段性,处在无休止的历史演进的动态变化中。因此,要正确认识和科学把握国情就必须做到"实事求是",具体问题具体分析,把认识的思维随着历史阶段和国情的变化而不断改变。

改革开放以来,在中国共产党的领导下,我国现代化建设取得了举世瞩目的成就,无论是生产力还是生产关系都发生了前所未有的重要变化。但"我们搞社会主义才几十年,还处在初级阶段。巩固和发展社会主义制度,还需要一个很长的历史阶段,需要我们几代人、十几代人,甚至几十代人坚持不懈地努力奋斗"[1]。正如党的十八大报告所指出的那样,现在我国是世界上最大的发展中国家,我国"推进任何方面的改革发展都要牢牢立足社会主义初级阶段这个最大实际"[2]。温家宝在哈佛大学发表演说时,提出了著名的"温氏定律"就是中国面临的问题再小,如果乘以13亿人,就变成了大问题,中国的资源再多,如果除以13亿人,就不会很多。因此,"中国,是富国,也是穷国;是强国,也是弱国,这恰是中国的国情逻辑"[3]。

社会主义初级阶段是一个相对综合的概念,包含国家的经济情况、政治状况,还有国家的文化、社会以及国民素质等各个方面。就经济发展水平来说,改革开放以来,在和平与发展的世界主题下,我国经济持续保持平稳较快增长,综合国力大大提升,成为世界第二大经济体,社会主义市场经济体制日趋完善,建立了独立的工业体系,农业综合生产能力提高,产业结构调整也初见成效,近年来我国城镇化水平获得明显提高。但是,我国人均产值与发达国家甚至中等发达国家相差较大,所以实现现代化还有很长的路要

---

[1] 《邓小平文选》第3卷,人民出版社1993年版,第379—380页。
[2] 胡锦涛:《坚定不移沿着中国特色社会主义道路前进,为全面建成小康社会而奋斗》,人民出版社2012年版,第16页。
[3] 中央电视台:《国情备忘录》,万卷出版公司2010年版,第3页。

走。从政治状况来看，我国民主法制建设迈出新的步伐，民主制度进一步完善，形式也越来越丰富，依法治国方略得到全面落实，形成了中国特色社会主义法律体系。但是我国的很多政治制度还不够健全，有待于进一步完善，如人民代表大会制度、党内民主制度、各种权力制约监督机制等。从文化和国民素质方面看，文化体制改革与国民素质提升得到进一步推进，社会主义核心价值体系建设与核心价值观教育得到进一步开展，公共文化服务体系建设与文化产业发展水平等也得到有力提升，人民群众的文化需求也明显提高。

但是，不能否认我国文化建设还存在许多问题，国民素质还需进一步提高，我国文化事业与经济社会发展不均衡，文化不能完全面向社会、为公众提供文化产品和服务，而是以市场化、商业化的管理模式，主要目的是盈利；城乡文化发展失衡，农村文化事业发展缓慢；文化的融合性和包容性有待于进一步加强，比如，发展文化事业的同时也能加强不同民族间的文化融合与交流等。同时，我国国民受教育程度普遍较低，"中国十五岁以上人口平均受教育年限仅为8.5年。一些发展中国家，人民平均受教育年限在十年以上"①。我国占人口绝大多数的农民受教育年限更少，约有4.9亿农村劳动力平均受教育年限仅有7.3年。另外，社会建设中还有诸如社会公平正义、民生就业、教育医疗等问题。

总之，以国情为出发点，建设中国特色社会主义总体布局是一个完整科学的理论体系，它的提出、完善、深化、演进至形成是一个长期艰辛的过程，可以说这个过程的实践是通过国情的不断变化与发展而逐渐向前推进的。因此，要科学把握中国特色社会主义总体布局必须以基本国情为依据，要牢记我国仍处于并将长期处于社会主义初级阶段，以此作为社会主义建设的基石，作为总体布局的重要依据。

---

① 沈宝祥：《我们远没有走出社会主义初级阶段》，《北京日报》2007年3月12日第17版。

第三章 第一代中央领导集体对中国社会主义建设总体布局的先行探索

以毛泽东为核心的党的第一代中央领导集体对中国社会主义建设总体布局的先行探索主要体现在新民主主义社会的建设和社会主义的曲折探索与发展中。由于缺失了完整的资本主义发展阶段导致经济发展十分落后，如果在近代中国这个半殖民地半封建社会形态基础上建立社会主义国家，必须以建立新民主主义社会这个过渡形式来恢复和发展生产力等，为顺利进入社会主义准备各项所需条件。早在1940年3月，毛泽东就说过："新民主主义是暂时的、过渡的，是一个楼梯，将来还要上楼。"[①] 这是历史的必然和趋势。同时，第一代中央领导集体对中华人民共和国成立后至十一届三中全会前围绕着政治、经济、文化等的探索与构想，也为以后中国特色社会主义总体布局的形成提供了非常重要的历史借鉴，是总体布局建设和演进不可或缺的重要资政。

一 第一代中央领导集体对新民主主义社会建设的构想

党的第一代中央领导集体对新民主主义共和国的构想是马克思

---

① 中央文献研究室：《毛泽东年谱 1893—1949》中卷，中央文献出版社 1993 年版，第173 页。

主义国家学说在中国的运用和发展，它既是半殖民地半封建社会中国社会革命的必需，也大大促进了中国政治的发展和进步。这一构想的基本内容是新民主主义社会关于政治的、经济的、文化的三大基本纲领。在构想的指引下，我们不但成功实现了向社会主义社会的过渡，而且也为后来社会主义总体布局的探索与演进做了重要铺垫。

（一）新民主主义社会的政治架构

中国共产党自成立之日起，就把推翻统治阶级的旧政权，建立无产阶级的新政权作为奋斗目标。中华人民共和国成立后，毛泽东从我国现实国情出发，初步设计了新民主主义社会的政治架构。

1. 建立各革命阶级联合专政的国体

毛泽东认为，国体即国家的阶级性质，是社会各阶级在国家中的地位的表现。他认为，"全世界多种多样的国家体制中，按其政权的阶级性质来划分，基本地不外乎这三种：（甲）资产阶级专政的共和国；（乙）无产阶级专政的共和国；（丙）几个革命阶级联合专政的共和国"，只有"第三种，殖民地半殖民地国家的革命所采取的过渡的国家形式"[①]，具体说来，就是建立一个无产阶级领导的，以工农联盟为基础的，各革命阶级联合专政的国家。对于建立这种国家形式，毛泽东经历了一个逐步深入的认识过程。1925年，毛泽东从中国实际出发，提出要"用无产阶级、小资产阶级及中产阶级左翼合作的国民革命"，"以打倒帝国主义，打倒军阀，打倒买办地主阶级"，"实现无产阶级、小资产阶级及中产阶级左翼的联合统治，即革命民众的统治"[②]。这是毛泽东主张建立"各革命阶级联合专政"国体的思想萌芽，并在之后的土地革命、抗日战争和解放战争时期得到了进一步的丰富与发展。

[①] 《毛泽东选集》第2卷，人民出版社1991年第2版，第675—676页。
[②] 《毛泽东文集》第1卷，人民出版社1993年第2版，第18—19页。

1927年大革命失败后,中国共产党在农村革命根据地建立了以无产阶级为领导,包括农民、其他小资产阶级在内的联合政权,其实质是由"工人、农民和城市小资产阶级联盟的政府"①。1931年"九一八"事变后,日本帝国主义发动了全面侵华战争,中日间的民族矛盾迅速升级为国内主要矛盾,而阶级矛盾立刻降为次要矛盾。为了进一步扩大抗日民族统一战线,以及考虑到民族资产阶级许多人态度的转变,毛泽东决定给民族资产阶级"以在人民共和国政府中说话做事的权利"②。1940年1月,毛泽东在《新民主主义论》中强调,新民主主义政治就是要建立"无产阶级领导下的一切反帝反封建人们联合专政的民主共和国"③。是中国革命在一定的历史时期所采用的国体形式。从1949年中华人民共和国成立到1956年完成社会主义改造,各革命阶级联合专政的国体形式成为新民主主义社会政治建设的核心内容。

2. 实行人民代表大会制为核心的政体

政体是政权的组织形式。毛泽东认为,政体指"一定的社会阶级取何种形式去组织反对敌人保护自己的政权机关"④,并且如果"没有适当形式的政权机关,就不能代表国家"⑤,人民民主专政的职能也就无法实现。毛泽东对此进行了长期的探索。1931年11月,中华苏维埃第一次全国代表大会讨论并确立了全国中华苏维埃代表大会为国家最高权力机关。然而这种政权组织形式只是对苏联模式的机械式照搬,大会代表和公务人员都是共产党员,这时的政权组织相当不成熟。抗日战争时期,毛泽东建议实行议会民主制,由共产党员、非党进步分子、中间派各占三分之一,这就是著名的"三三制"原则。也是政权建设的重大进步,大大促进了边区的民

---

① 《毛泽东选集》第1卷,人民出版社1991年第2版,第156页。
② 同上书,第160页。
③ 《毛泽东选集》第2卷,人民出版社1991年第2版,第675页。
④ 同上书,第677页。
⑤ 同上。

主政治建设。1940年，为进一步促进政权建设，毛泽东在《新民主主义论》中明确指出，我们可以采取全国人民代表大会，省、县、区人民代表大会。1945年，毛泽东在《论联合政府》一文中再一次强调："新民主主义的政权组织，应该采取民主集中制，由各级人民代表大会决定大政方针，选举政府。"① 新民主主义共和国只有采取民主集中制的人民代表大会制度，才能真正体现"各革命阶级联合专政"的国体，才能真正达到政体与国体的和谐统一。

中华人民共和国成立后，在继续坚持民主集中制的组织原则下，人民代表大会制度作为新中国的政体被正式确立，并得到逐步完善和发展。1953年1月13日，党中央做出了召开全国及地方各级人民代表大会的决议。1954年9月15日，中华人民共和国第一届全国人民代表大会在北京成功召开，大会通过的《中华人民共和国宪法》以及全国人民代表大会、地方各级人民代表大会的组织法，都对人民代表大会制度作了详细规定，着重强调了政府的一切重要工作都要交由人民代表大会决定，人民代表大会代表必须拥有充分的发言权。

总之，毛泽东把马克思主义的国家学说同中国的具体实际相结合，逐步创立了以人民代表大会制度为核心的政体并沿用至今，对我国的政权建设和民主政治建设的发展都具有重大理论意义和现实意义。

3. 遵循民主集中制的组织原则

中国共产党成立时就把民主集中制作为组织活动的基本原则。之后，毛泽东把这一原则扩大运用于土地革命时期苏维埃的政权建设、抗日战争时期边区根据地人民政权建设和解放战争时期人民政权的建设中。中华人民共和国成立后，民主政权组织也遵循这一原则而逐步完善。同时，民主集中制也是党和国家机关的根本制度。1954年，民主集中制被正式载入《中华人民共和国宪法》中，成

---

① 《毛泽东选集》第3卷，人民出版社1991年第2版，第1057页。

为我国政治制度基本框架的重要组成部分，并规定："全国人民代表大会、地方各级人民代表大会和其他国家机关，一律实行民主集中制。"①关于民主和集中的关系，毛泽东认为："它是民主的，又是集中的，就是说，在民主基础上的集中，在集中指导下的民主。"②"在人民内部，不可以没有自由，也不可以没有纪律；不可以没有民主，也不可以没有集中。这种民主和集中的统一，自由和纪律的统一，就是我们的民主集中制。"③

4. 倡议多党合作和政治协商制度

党的第一代中央领导集体十分重视与各民主党派的合作，倡议实行多党合作和政治协商制度。毛泽东认为，"只要共产党以外的其他政党，任何社会集团或个人，对于共产党是采取合作的而不是采取敌对的态度，我们是没有理由不和他们合作的"④。在中共七届二中全会上，毛泽东明确提出"我党同党外民主人士长期合作的政策，必须在全党思想上和工作上确定下来"⑤。1956年，毛泽东在党的八大上明确阐述了共产党和民主党派长期共存、互相监督的方针，这是党的第一代领导集体关于正确处理共产党与民主党派关系的重大发展。大大提高了民主党派的政治热情，对于纠正和抵制党内日益滋长的官僚主义、宗派主义和主观主义等错误倾向发挥了重要作用。

5. 践行民族区域自治制度

中国是一个多民族国家，如何处理好民族关系，是人民民主专政国家面临的一个重要问题。1938年11月，毛泽东在《中国共产党第六届中央委员会扩大的第六次全体会议上的报告》中强调，蒙、回、藏、苗、瑶、彝、番各少数民族与汉族有平等权利，拥有

---

① 《建国以来重要文献选编》第5册，中央文献出版社1993年版，第522页。
② 《毛泽东选集》第3卷，人民出版社1991年第2版，第1057页。
③ 《毛泽东著作选读》下册，人民出版社1986年版，第762页。
④ 《毛泽东选集》第3卷，人民出版社1991年第2版，第1062页。
⑤ 《毛泽东选集》第4卷，人民出版社1991年第2版，第1437页。

自己管理自己的事务之权。抗日战争结束后，毛泽东在处理国内民族问题上由同意自决、独立、联邦渐渐转向民族区域自治。尤其是1949年明确提出内蒙古实行区域自治后，毛泽东就把民族区域自治作为实现民族自治和民族平等的科学决策。1949年9月7日，周恩来在《关于人民政协的几个问题》的报告中，也阐明了这一主张，他指出：我们主张民族自治，中国人民政治协商会议接受了这一主张，在《共同纲领》中确定国内各民族一律平等，在少数民族地区建立民族区域自治制度。此后，民族区域自治制度成为人民民主专政国家的一项基本政治制度。1954年颁布的《中华人民共和国宪法》中进一步明确规定："中华人民共和国是统一的多民族的国家"，"各少数民族聚居的地方实行区域自治。各民族自治地方都是中华人民共和国不可分离的部分。"① 民族区域自治制度是中国共产党人对马克思主义民族理论的发展与创新，卓有成效地解决了中国有史以来的民族问题。

总之，中华人民共和国成立之初，党的第一代中央领导集体从当时的具体实际出发，对新民主主义社会建设提出了一系列政治构想。尤其是在民主集中制的组织原则下制定的一系列政治制度，是党在马克思主义关于无产阶级专政的学说和中国建设实际的基础上，在认识与实践上的大胆创新。对于之后社会主义事业的政治建设具有十分重要的借鉴价值和实践意义。

（二）新民主主义社会的经济政策

经济政策应该与当时的社会现实尤其是社会的经济结构紧密结合，才能确保经济政策的科学性和合理性。第一代中央领导集体关于新民主主义的经济政策正是科学地把握了新民主主义社会的经济结构，才能更好地确保其科学性。为中华人民共和国成立后国民经济的快速恢复与发展做出了重要贡献。

---

① 《建国以来重要文献选编》第5册，中央文献出版社1993年版，第522页。

1. 新民主主义社会的经济结构

新民主主义社会的经济是具有中国特色的经济形态，它既与半殖民地半封建社会的经济不同，又与社会主义经济不同，既有资本主义成分，又有社会主义成分，科学把握其经济结构，对于新民主主义社会经济建设乃至以后的社会主义经济建设都有着十分重要的意义。

1949年3月，以毛泽东为核心的第一代中央领导集体在党的七届二中全会上科学分析了新民主主义社会的经济结构及其相互关系。第一，国有经济。这是新民主主义国家所经营的经济。主要是中华人民共和国成立前后通过没收官僚资本建立起来的，是以生产资料公有制为基础的、具有社会主义性质的经济，是新民主主义社会建设的主要物质基础。第二，合作社经济。这是由生产者根据自愿互利原则组织起来的生产合作社、供销合作社、消费合作社等，是具有半社会主义性质的经济。发展合作社经济是新民主主义国家帮助、领导和引导小生产者走上社会主义道路的主要途径。第三，私人资本主义经济。这是以生产资料的资本家所有制为基础以追求利润为目的的私营经济，在国民经济中占有重要地位。在新民主主义社会中具有两面性，既有利于国计民生的积极面，又有不利于国计民生的消极面。必须对其进行改造并充分发挥其对新民主主义经济发展的促进作用。第四，分散的个体农业和手工业经济，又称"小商品经济"。这是以手工劳动、简单生产为特征的落后经济，占国民经济总量的80%以上。小商品经济在社会主义经济与资本主义经济并存的条件下，既可能接受不同程度的合作社形式，也可能随时产生资本主义和资产阶级。因此，要因势利导努力使小商品经济处在国营经济的领导和支配下，并使其向着现代化和集体化的方向发展。第五，国家资本主义经济。这是革命胜利过程中逐渐产生的一种国家经济同私人资本合作的并具有社会主义性质的经济成分。要努力争取私人资本向国家资本主义方向发展，通过各种形式的国家资本主义去改造私人资本主义。

在新民主主义社会的五种经济成分的发展及其相互关系中，党要实行一条明确的无产阶级领导路线。要以积极发展国有经济为主体，并建立合作社经济。把合作社经济与国有经济密切结合，帮助小生产者使之逐步向合作社方向发展。而对于国家资本主义经济需要在新民主主义国计民生范围之内，并且允许一定私人资本主义的发展。针对具有垄断性质的经济，要逐渐收归国家经营。总之，要采取一切措施逐渐增加国民经济中的社会主义成分，尽快逐步稳妥地过渡到社会主义社会。

2. 新民主主义社会的经济政策

第一，推行"四面八方"政策。中华人民共和国成立之初，在第一次政治协商会议通过的《共同纲领》中规定，经济建设的总方针是公私兼顾、劳资两利、城乡互助、内外交流政策，以达到生产发展，经济繁荣的目的。"公私兼顾、劳资两利、城乡互助、内外交流"的基本方针就是"四面八方"政策。这一政策反映了当时社会经济发展的需要，对新民主主义经济的恢复与发展发挥了重要推动作用。

"公私兼顾"，是指要在明确公营（主要是国营）经济的领导地位和优先发展的同时，也要注意照顾和鼓励私营经济的发展。私人资本主义经济曾在全国经济中占有十分重要的地位。它在拉动工业发展，促进商品流通，增加就业，促进恢复国民经济和经济发展等方面发挥了重要作用。然而，随着新民主主义经济的改革，公私关系的处理中过分限制、排挤私营经济，私营工商业处于严重不利地位。不利于新民主主义经济的进一步发展。对此，陈云认为，"这是走向新生，走向重建，走向繁荣过程中的痛苦和困难。整个地说来，它是带暂时性的"[1]。党的七届三中全会上，党中央决定要在"公私兼顾"的经济方针下调整工商业工作。"公私兼顾"的方针是：公营经济委托私营企业加工订货、收购产品，直接推动私营工商业的

---

[1]《陈云文选》第2卷，人民出版社1995年版，第102页。

恢复；调整公私商业的营业范围；调整金融政策，国家银行要加强对私营工商业发放贷款，并适当降低贷款利率，以帮助私营企业解决资金周转问题。有效调节了国有经济与私营经济间的关系，大大促进了有利于国计民生的私营工商业的恢复和进一步发展。

"劳资两利"，是指要调整私营工商业内部的劳资关系，即调整私营企业中工人和资本家的关系。面对劳资关系的冲突与矛盾，党根据"劳资两利"的经济方针帮助私营企业建立劳资协商会议制度等新型的劳资关系；调整产销关系，克服私营工业生产的盲目性；调整城市工商业等。通过劳资两利的经济方针，私营工商业得到复苏，并且部分私营工商业的生产经营被纳入国家计划的轨道。大大促进了私营工商业的健康发展。

"城乡互助"是指党的工作重心由农村转向城市后，要加强城市工作同乡村工作、工人同农民、工业同农业的联系，要相互交流、相互促进。具体来看：要充分发挥国营商业的领导作用。积极发展供销合作社，鼓励私营商业的城乡购运业务。开展各种农资交流会，发展农村集贸市场等。有效促进了新民主主义经济尤其是农村经济的恢复和发展。

"内外交流"是指要加强本国与外国、本地与外地的经济关系，贸易交流、互通有无、货畅其流，还要反对西方国家的经济封锁和禁运。内外交流促进了我国的对外贸易从机构、管理、进出口经营，包括外贸商品生产及内外商业联系等各方面的改组。有效促进了经济上的独立自主，是我国对外贸易发展的重要成果。

"四面八方"政策对于我们今天总体布局的建设事业仍有重要的启示，要树立全面发展的思想，避免片面性。要做到总揽全局，统筹兼顾，协调并处理好各方面的利益和关系，充分调动各方面的积极性。

第二，实行土地改革政策。新民主主义革命胜利后，中国共产党在土改指导思想上发生了重大变化，土地的改革已经不仅是为了完成民主革命最后的任务，还是为了"要使农村生产力从地主阶级封建土地所有制的束缚之下获得解放，以便发展农业生产，为新中国的工业化开辟道路"[①]。1949年9月的《共同纲领》中明确规定，新中国将会有步骤有计划地把封建、半封建的土地所有制转变为农民的土地所有制。

1950年6月，中央人民政府委员会第八次全体会议通过了《中华人民共和国土地改革法》，土地改革政策集中体现在《土地改革法》中，一方面要满足贫雇农的土地要求和团结并保护中农，规定没收地主的土地、耕畜、农具、多余的粮食和多余的房屋。公平并合理地统一分给那些无地少地或缺乏其他生产资料的贫苦农民，不予没收其他财产；在土地分配的办法上改变老解放区中彻底性平分土地的政策，推行在原耕田的基础上用抽补调整的办法来分配土地；保护中农（包括富裕中农在内）的土地和其他财产不受侵犯，并且对缺地的下中农给予一定数量的土地。另一方面对富农的政策上有了重大改变，由过去的限制和打击富农经济、征收其多余土地和财产，转变为经济上要保存富农、政治上要中立富农的政策。中华人民共和国成立初期的土地改革是一场深刻的经济大变革。改变了生产资料与劳动力相结合的方式，进一步解放了农村生产力，并在农村建立起新型的社会关系。为国家积累工业化所需资金创造了有利条件，有力推动了中国工业化进程。

第三，优先发展重工业。工业化是现代化的基础。发展新民主主义经济的主要任务就是实现国家的工业化。中华人民共和国成立后，毛泽东仿效苏联模式，认为我国的工业化道路首先从重工业入手，"人民民主专政的国家，必须有步骤地解决国家工业化的问题"[②]。《共同纲领》把"应以有计划有步骤地恢复和发展重工业为重点"[③] 作为新民主主义国家的重要经济政策之一。

[①] 《刘少奇选集》下卷，人民出版社1985年版，第34页。
[②] 《毛泽东选集》第4卷，人民出版社1991年第2版，第1477页。
[③] 中央文献研究室：《建国以来重要文献选编》第1册，中央文献出版社1992年版，第9页。

1953年党制订的"一五"计划也明确指出，中国工业化的指导思想是优先发展重工业，逐步建立国家工业化和国防现代化的基础。然而，刘少奇和周恩来等与毛泽东有着不同的观点。周恩来指出，我们需要在农业发展的基础上来发展工业，在工业的引导下进一步提高农业生产的水平。"没有农业基础，工业不能前进；没有工业领导，农业就无法发展。"① 1951年，陈云指出"发展农业仍然是头等大事。农业发展不起来，工业就很难发展"②。1950年，刘少奇在《国家的工业化和人民生活水平的提高》的手稿中，也强调了农业是国民经济的基础，必须把农业、轻工业的发展摆在重要位置上。他认为，当时中国经济发展的第一步应该是要以发展农业和轻工业为中心。"只有这一步做的有了成效之后，我们才有可能集中最大的资金和力量去建设重工业的一切基础，并发展重工业。"③

虽然这些经济建设思想的科学性在以后的经济发展中得到了证实，但是我们不得不承认在当时特殊的历史环境下，优先发展重工业才是新民主主义经济政策的重要组成部分，而不是其他。

（三）新民主主义社会的文化建设

在新民主主义革命时期，共产党人就提倡发展新民主主义文化。即无产阶级领导的，人民大众的，反帝反封建的新民主主义文化。这种文化与旧民主主义文化的根本不同是它以无产阶级为领导，以马克思主义为指导，是无产阶级的科学思想文化体系。毛泽东在《新民主主义论》中，科学地总结了新民主主义革命的历史经验，并明确提出"所谓新民主主义的文化，一句话，就是无产阶级领导的人民大众的反帝反封建的文化"④。也可以称为"民族的科

---

① 《周恩来选集》下卷，人民出版社1984年版，第10页。
② 《陈云文选》第2卷，人民出版社1995年版，第143页。
③ 《刘少奇选集》下卷，人民出版社1985年版，第5页。
④ 《毛泽东选集》第2卷，人民出版社1991年第2版，第698页。

学的大众的文化"①。

1. 新民主主义文化建设的特征

第一，民族性。毛泽东认为这种民族性就"是反对帝国主义压迫，主张中华民族的尊严和独立的。它是我们这个民族的，带有我们民族的特性"②的文化，同时是一种"提倡民族自信心"③的文化。新民主主义的民族文化，可以同其他民族社会主义的文化和新民主主义的文化相结合，既要相互吸收又要共同发展，也要注意吸收借鉴其他国家古代的进步文化，即使我们可以吸收借鉴外来文化，也要学会取其精华，去其糟粕。

第二，科学性。这是"反对一切封建思想和迷信思想，主张实事求是，主张客观真理，主张理论和实践一致"④。这种科学性"反对武断、迷信、愚昧、无知、拥护科学真理，把真理当作自己实践的指南，提倡真能把握真理的科学与科学的思想，养成科学的生活与科学的工作方法的文化"⑤。新民主主义文化建设的科学性在于始终要以马克思列宁主义为其指导思想，以共产主义为其奋斗目标，要始终坚持历史唯物主义与辩证唯物主义。这里的科学，包括自然科学与社会科学，自然科学是要在社会科学的引导下改造自然。同时，人们也要在社会科学的指导下"来了解社会，改造社会，进行社会革命"⑥。新民主主义的文化还有一个十分重要的目标，就是加强马克思主义的宣传与教育，鼓励越来越多的人善于运用一切从实际出发与实事求是的思想路线来认识问题、研究问题并解决问题。

第三，大众性。毛泽东认为这种大众性"应为全民族中百分之

---

① 《毛泽东选集》第2卷，人民出版社1991年第2版，第706页。
② 同上。
③ 《张闻天选集》，人民出版社1985年版，第253页。
④ 《毛泽东选集》第2卷，人民出版社1991年第2版，第707页。
⑤ 《张闻天选集》，人民出版社1985年版，第252页。
⑥ 《毛泽东文集》第2卷，人民出版社1993年版，第269页。

九十以上的工农劳苦民众服务,并逐渐成为他们的文化"①。这种文化是为工农劳苦民众服务的,一定要有工农民众的有力参与,才能使其真正成为人民群众自己的文化。所以,要真正实现大众性必须做好新民主主义文化的宣传和普及工作,以便让人民群众充分了解并掌握这一文化,更好地为最广大人民群众服务。

2. 新民主主义文化建设的方针

一方面,加强马克思主义的宣传与普及。党的第一代中央领导集体十分重视对马克思主义的宣传和普及工作。中华人民共和国成立前,刘少奇就强调:"我们一进城,即应着手进行教育。""要着重讲马列主义的基本观点(唯物史观,劳动创造世界,剩余价值,阶级斗争)及中国革命基本问题。"② 1950 年,毛泽东鼓励开展学习,"对知识分子,要办各种学习班,办军政大学、革命大学,要使用他们,同时对他们进行教育和改造。要让他们学社会发展史、历史唯物论等几门课。"③ 1951 年 5 月,党在全国范围内召开第一次宣传会议,颁布关于《全党进行马克思主义毛泽东思想学习的决定》。并于 1953 年在高校设立"马列主义基础课"等。同时,积极编译出版或再版马恩列斯的经典著作。1954 年 5 月,中国共产党在第二次全国宣传工作会议中明确宣传的主要任务就是进一步以马克思列宁主义的社会主义思想教育全党和人民群众。另外,在改进报纸工作中,党也明确要求要加强马克思列宁主义的宣传。

另一方面,加强思想改造和文化批判。在宣传马克思主义的同时,也要在广大知识分子中进行思想改造,在文化领域开展批判运动。思想改造的根本任务就是大力宣传唯物主义,反对唯心主义,要让广大干部和群众摆脱资产阶级腐朽思想的不良影响,提高自身政治觉悟。在文化批判中要坚持统一战线政策、团结并改造知识分子。要学会并善于区分在学术上犯错误的行为和政治上的反革命,

---

① 《毛泽东选集》第 2 卷,人民出版社 1991 年第 2 版,第 708 页。
② 《刘少奇选集》上卷,人民出版社 1981 年版,第 422—423 页。
③ 《毛泽东著作选读》下册,人民出版社 1986 年版,第 696 页。

绝不能把思想文化上的问题当作政治斗争问题处理。另外，还要加强党对文艺工作的领导。文艺工作是党的文化工作的重要内容。毛泽东认为，艺术是为人民服务的，是"为工农兵而创作，为工农兵所利用的"①。为更好地发挥文艺为人民服务的功能，就要努力提高并普及文艺。

二 第一代中央领导集体对社会主义现代化建设战略布局的认识与实践

社会主义基本制度在我国建立以后，我们面临着如何把贫穷落后的社会主义国家建设成为社会主义现代化强国的全新重大课题。对此，以毛泽东为核心的党的第一代中央领导集体把马克思主义的基本原理与中国实际相结合，在社会主义社会的建设过程中取得了许多重要成就，并在其指导下形成了社会主义现代化建设的战略格局，对我国社会主义现代化事业的发展发挥了积极的指导作用。

（一）经济建设：以实现"四个现代化"为目标和任务

经济建设是社会主义现代化建设的核心和中心任务。毛泽东认为这是改变中国贫穷落后面貌，提高人民生活水平，巩固社会主义制度的唯一正确途径。在这里需要澄清一个长期被人们误解的事实，这就是：1958年5月，党的八大二次会议确认党的八届三中全会上毛泽东明确提出了无产阶级同资产阶级之间的矛盾问题，是当前我国社会的主要矛盾以后，就把经济建设置于次要地位，甚至根本忽视经济建设的观点。事实并非完全如此，在"八大二次会议后，毛泽东的主要精力投入到工农业生产方面，特别是工业，又特别是钢铁和机械"②。1959年6月，毛泽东曾说过："过去干的一件

---

① 《毛泽东选集》第3卷，人民出版社1991年第2版，第863页。
② 逄先知、金冲及：《毛泽东传（1949—1976）》上，中央文献出版社2003年版，第822页。

事叫革命，现在干的叫建设。"①虽然1958年的"大跃进"运动是党在社会主义建设中的重大失误。但是，这个失误并不是要背离以经济建设为中心的历史任务，而是因为我们在经济建设中违背了客观规律，片面追求经济发展的高速度，犯了急于求成错误的问题。即使是在1962年，毛泽东在党的八届十中全会上提出"阶级斗争要年年讲、月月讲、天天讲"，他也没有忘记我们的中心工作。他甚至还着重提醒大家，不要因为处理阶级斗争的问题就去妨碍我们的经济建设工作。在"以阶级斗争为纲"的"文化大革命"时期，毛泽东还是同样强调要"抓革命，促生产"。可见，做好经济建设工作，努力实现国家富强与人民富裕，一直都是以毛泽东为代表的第一代领导集体不懈追求的宏伟目标和崇高事业。

1. 确立实现"四个现代化"的战略目标和战略步骤

早在民主革命时期，毛泽东就开始独立思考和探索中国经济发展的战略目标问题，党的七届二中全会就提出要把中国从落后的农业国发展为较为先进的工业国。中华人民共和国成立以后，在开展有计划的经济建设的过程中，建设社会主义现代化的宏伟目标逐步清晰并最终确立。党在过渡时期总路线是要在一个相当长的时期内逐步实现社会主义工业化的总目标。1954年1月，周恩来指出，要"建设起现代化的工业、现代化的农业、现代化的交通运输业和现代化的国防"②。这是关于实现四个现代化的最初表述。而毛泽东在1957年3月强调指出，要努力建设一个这样的国家，具有社会主义现代化的工业、先进的农业和科学技术的创造。1959年年底至1960年年初，毛泽东在《读苏联〈政治经济学教科书〉的谈话》中进一步指出，"建设社会主义，原来要求是工业现代化，农业现代化，科学文化现代化，现在要加上国防现代化"③。至此，实现"四个现代化"的完整论述便基本形成。

---

① 《毛泽东文集》第8卷，人民出版社1999年版，第72页。
② 《周恩来经济文选》，中央文献出版社1993年版，第176页。
③ 《毛泽东文集》第8卷，人民出版社1999年版，第116页。

1963年在中共中央《关于工业发展问题》的文件中，针对"四个现代化"的说法又做了个别调整，指出要把中国转变为有着农业、工业、国防和科学技术现代化的强大的社会主义国家。基于此，在1964年年底至1965年年初的三届全国人大一次会议上，周恩来在政府工作报告上正式提出，要"把我国建设成为一个具有现代农业、现代工业、现代国防和现代科学技术的社会主义强国"①。至此，中国共产党关于"四个现代化"的宏伟目标的构想就基本形成了，从而为全国各族人民建设社会主义指出了明确的奋斗方向。"四个现代化"是相互关联的，要同时并进，相互促进，其"关键在于实现科学技术的现代化"②。

中国共产党和毛泽东还根据中国的实际国情，并参照经济发达国家的历史经验，提出了用50年到100年的时间实现社会主义现代化强国的设想。1955年3月，毛泽东在党的全国代表会议上指出，我们可能要经过三个五年计划才能建成社会主义。尽管"大跃进"时期，党和毛泽东对我国经济建设发展速度的估计一度过于乐观，但由此造成的生产破坏和国民经济困难，也促使其重新考虑我国经济建设中的发展速度问题。1960年10月，毛泽东指出："我们的基本情况就是一穷二白。""根本改变中国的经济面貌需要一个很长的时间。"③ 1962年，毛泽东在七千人大会上进一步强调："中国的人口多、底子薄，经济落后，要使生产力很大地发展起来，要赶上和超过世界上最先进的资本主义国家，没有一百多年的时间，我看是不行的。"④ 毛泽东的这个客观估计，比较符合中国的实际，它为中国共产党制定经济发展战略规划提供了重要思想基础。

党中央和毛泽东经过较长时间的考虑和酝酿关于实现社会主义现代化建设的步骤问题。1964年12月，三届全国人大一次会议上

---

① 《周恩来经济文选》，中央文献出版社1993年版，第563页。
② 同上书，第503页。
③ 《毛泽东文集》第8卷，人民出版社1999年版，第216页。
④ 同上书，第302页。

提出"两步走"的发展战略。1975年1月,周恩来在四届全国人大一次会议中,重申了"四个现代化"的发展目标和"两步走"的发展战略。①

2. 走中国特色的工业化道路

社会主义的工业化是现代化的主体和前提。实现工业化,就是要发展现代工业,建立一个用现代科学技术装备武装起来的独立的、比较完整的工业体系,不仅能够制造人民生活所必需的消费品,而且也能制造扩大再生产所必需的各种主要机器设备,为实现农业、交通运输、国防现代化创造必要条件。工业化的基本标志是,工业在整个国民经济中居于主导地位,在国民生产总值中占绝对优势。

从近代世界历史发展来看,实现工业化主要有两条道路,第一条是以西欧、美国、日本等为代表的资本主义工业化道路;第二条是以苏联为代表的社会主义工业化道路。十月革命以前的俄国是一个经济文化十分落后的国家,苏联在20世纪二三十年代用了大约十年的时间就基本实现了社会主义工业化,从而一举成为欧洲第一、世界第二大工业强国。显然,这两条工业化道路都各有其优势。

作为经济文化落后的中国应该走哪一条道路,毛泽东认为:"资本主义道路,也可增产,但时间要长,而且是痛苦的道路"②,中国不能走这条道路。一是中国的资本主义经济本来就很脆弱,如果走资本主义道路,经济上就不可能摆脱对外国资本的依赖,中国可能成为西方资本主义大国的附庸;二是中国要走资本主义工业化道路,就意味着广大农民将丧失土地,大批手工业者破产,他们将变成一无所有的无产者,这是广大人民群众不答应的;三是资本主义经济发展的一个必备条件是大量货币资本在少数人手中积累。16世纪始,西方资本主义国家经过残暴的殖民掠夺和对农民的剥夺,

---

① 参见《周恩来经济文选》,中央文献出版社1993年版,第652页。
② 《毛泽东文集》第6卷,人民出版社1999年版,第299页。

再加上工业革命的积累,才发展到今天的水平。而中国革命胜利以后,广大人民成为国家的主人,中国不可能通过对外掠夺,也不可能通过对国内人民的残酷剥削来积累资本,并且即使这样也不可能在短期内积累起巨额资本。因此,中国只能通过走社会主义道路去实现国家工业化,这是最为有利,也是理所当然的。

20世纪50年代初,我国经济建设在很多方面照搬了苏联模式。一方面取得了很大成就,另一方面也出现了不少问题,如过度强调优先发展重工业,忽视农业和轻工业,导致一些重大比例关系失调,影响人民生活水平提高。再加上苏共二十大对苏联模式弊端的揭露,这一切促使党和毛泽东对中国工业化道路问题进行再思考,进而形成了中国工业化道路。当时,中国重工业、轻工业和农业的关系是国民经济中最重要的比例关系,处理好三者的关系,也就基本解决了中国的工业化道路问题。中国是一个落后的农业国并且生产力很不发达,工业化建设必须坚持优先发展重工业,但在制订计划时要按照农、轻、重的次序安排国民经济。要坚持发展工业和发展农业同时并举,以农业为基础,以工业为主导。这条工业化道路和苏联片面发展重工业而忽视农业和轻工业的发展模式根本不同。同时,中国的工业化建设必须处理好经济建设中的各种关系,主要有:处理好沿海工业同内地工业的关系、中央同地方的关系、经济建设同国防建设的关系等。

3. 对社会主义经济体制改革的有益探索

党的八大以后,随着大规模经济建设的开展,在一五时期形成的高度集中、高度集权的经济体制的弊端开始显现。所以,中国共产党在探索适合国情的社会主义建设道路过程中,开始对经济体制进行调整和改革。

第一,对所有制结构的调整。社会主义改造完成以后,中国建立起了单一的社会主义公有制,由于脱离我国生产力发展状况,使生产经营活动受到一定的限制,也给人民生活造成许多不便。因此,中国共产党就我国的所有制结构调整问题进行了思考。党的八大提出了"三个主体,三个补充"的设想,即在生产计划上,全国范围内的工农业产品主要部分按照计划生产,计划生产是其主体,自由生产是其补充;在工商业的管理上,国家与集体经济方面的经营是其主体,个体经营只能是它的补充;在社会主义的市场建设与发展中,规范的国家市场就是其主体部分,而由国家领导的自由市场只能是其补充。这个设想符合我国当时的实际国情,对当时的经济发展发挥了积极的指导作用。

党的八大以后,随着经济关系的调整,自由市场有所活跃,个体工商户也明显增加。1956年12月,针对当时出现的一些"地下"工厂与商店,毛泽东强调,"地下"工厂的出现是因为社会有这方面的需要,所以就发展起来。要鼓励它成为"地上",并将其合法化,还可以雇工。只要社会有需要,"地下"工厂甚至可以再增加。还可以开夫妻店,可以开私营大工厂。华侨投资一百年也不没收。既可以消灭资本主义,又可以搞资本主义,他把这称为"新经济政策"。1956年12月,刘少奇在全国人大常委会上也强调,我们国家可以有百分之九十几的社会主义成分,也可以相对提升资本主义成分的比例,使其扩大到百分之几。1957年4月,周恩来也明确指出,主流是社会主义,小的给些自由,这样有利于促进社会主义的发展。并且工业、农业与手工业都可以采取这种方法。在社会主义建设中,搞一点私营的,活一点有好处。把资本主义经济作为社会主义经济的补充,正确处理二者关系,这是一种有益尝试。

第二,调整农村集体经济内部关系。1957年9月中央发文要求,调整社和队的组织规模,一般以一村一社为宜,生产队以20户左右比较恰当;推行农业生产责任制,合作社对生产队实行"包工、包产、包财务"的"三包制度",并实行超产提成、减产扣分的办法,生产队要按照具体条件分别推行"工包到组""田间零活包到户"的办法;贯彻互利政策,克服分配上的平均主义;整顿干部的作风。这些都是在邓子恢主持下制定的,是实行生产责任制的早期尝试。

第三，改革经济管理体制。1957年9、10月间召开的八届三中全会通过了陈云主持起草的改进工业管理的体制、商业管理的体制与财政管理的体制，并做出了调整中央与地方的关系，向地方下放管理权的规定。这对于调动地方的积极性，起了一定的作用。20世纪60年代，毛泽东还就改革企业内部管理体制问题提出了一些重要观点，如实行"两参一改三结合"的制度，工人与群众、领导干部以及技术人员三者结合起来。还要积极建立由党委领导下的职工代表大会制等。

（二）政治建设：发扬人民民主

社会主义现代化建设不仅包括经济建设，同样也不能忽视民主政治建设。社会主义制度建立后，中国共产党开始把马克思主义的国家学说与政治学说同中国实际结合起来，建立起适合中国特点的社会主义政治制度，为发扬民主、建设社会主义民主政治做出了极大的努力，并取得了丰硕的成果。

1. 建立人民民主的制度架构

中华人民共和国成立后，中国建立了人民民主专政的社会主义国家政权，人民当了家做了主。但究竟怎样充分发扬民主，采取什么样的政权形式？党对此进行了制度创新，形成了一套具有中国特色的社会主义政治制度。

第一，坚持人民代表大会制度。关于中国的政权形式，毛泽东既不主张采用资本主义议会制，也不赞成实行苏维埃制，而主张采用人民代表大会制。中华人民共和国成立时，由于实行人民代表大会制度的条件还不够成熟，所以暂且由中国人民政治协商会议代理人民代表大会的有关权力。1954年，党的第一届全国人民代表大会召开并颁布了《中华人民共和国宪法》，这是中国第一部社会主义宪法，选举并产生了中央人民政府和全国人民代表大会及常务委员会，人民代表大会制度正式产生。人民代表大会制度作为中国的一项根本政治制度，它的主要内容是，全国人大和地方各级人大成为人民群众行使国家权力的机关，人民真正实现了当家做主；全国人大与地方各级人大都是由民主选举产生，既要对人民负责，又要接受人民的监督；全国人大和县级以上各级人大设立常委会，常委会既是权力机关也是工作机关；各级国家的行政机关与检察机关均由本级国家权力机关负责产生；全国人大以及地方各级人大都实行民主集中制原则，法律的制定以及重大问题的决策都要经过充分协商后民主裁决。人民代表大会制度应该说是第一代领导集体依据中国国情对马克思主义人民民主专政理论的创新及发展，深刻体现了社会主义国家的性质和原则。

第二，推进中国共产党领导的多党合作和政治协商制度。针对当时有人主张消灭民主党派，实行共产党一党专政的论调，毛泽东强调，"究竟是一个党好，还是几个党好？现在看来，恐怕是几个党好。不但过去如此，而且将来也可以如此，就是长期共存，互相监督"[1]。他还说，"一个党同一个人一样，耳边很需要听到不同的声音。大家知道，主要监督共产党的是劳动人民和党员群众。但是有了民主党派，对我们更为有益"[2]。我们党决定实行中国共产党领导的多党合作制，目的是有效加强对中国社会执政党的有力监督，确保国家路线、方针、政策的科学性。这一制度是把马克思主义的国家学说与中国社会的具体实际有效结合的重大创新，主要体现在：一是中国共产党和各民主党派之间的关系是领导与被领导。其中，中国共产党是领导党，各民主党派则是参政党，自觉接受共产党的领导。这种政党关系完全与西方的两党制和多党制不同，与其他社会主义国家的一党制也不同。二是共产党和各民主党派具有共同的政治基础和奋斗目标。它们以宪法和四项基本原则为合作基础，把实现富强、民主、文明、和谐的现代化发展目标同实现中华

---

[1] 《毛泽东文集》第7卷，人民出版社1999年版，第34页。
[2] 同上书，第235页。

民族的伟大复兴作为共同的奋斗目标。三是共产党与各民主党派通力合作的基本方针是"长期共存,互相监督"。

第三,完善民族区域自治制度。中国是一个有着56个民族的大家庭,怎样处理好民族关系,尤其是要怎样处理汉族同各少数民族之间的关系,并团结各少数民族,保障其权益,发挥其积极性,是一个十分重要的问题。中华人民共和国成立后,毛泽东根据中国是一个统一的多民族国家的历史和现状,根据各民族大杂居小聚居的分布特点,创造性地提出在少数民族聚居地区实行民族区域自治政策。其特点是:第一,在各少数民族聚集地区设立的民族自治机关为中央人民政府统一领导的一级地方政权,接受上级人民政府的领导。民族区域自治不能脱离国家的统一领导,搞民族分离主义。第二,民族自治地方在政治、经济、文化、社会生活等方面享有充分的民族自治权利,如政权的具体形式由少数民族的人民群众自己决定,有权根据少数民族地区实际发展民族经济和文化,有权使用民族语言等。第三,汉族要帮助少数民族发展,培养民族干部,发展少数民族地区经济,谨慎开展社会改革等。到1959年,中国已经建立了内蒙古、广西、新疆、宁夏四个自治区省份,还建立了29个自治州与54个自治县。可见,民族自治政策不断完善和发展。

2. 真正实现人民当家做主

1945年,毛泽东在延安回答黄炎培关于"其兴也勃焉,其亡也忽焉"的历史发展周期律时强调,我们共产党已经找到了跳出这个"周期律"的"新路","这条新路,就是民主。只有让人民来监督政府,政府才不敢松懈。只有人人起来负责,才不会人亡政息"。[①] 如何使"人人起来负责","让人民监督政府",这是中华人民共和国成立后毛泽东不断探索和解决的重大课题。

第一,人民当家做主是社会主义的本质。马克思主义认为,民主既是一种思想和作风,更是一种制度。社会主义民主是工人阶级

---

① 黄炎培:《八十年来》,文史资料出版社1982年版,第149页。

和广大人民群众在共产党领导下，经过长期的革命斗争，推翻资产阶级反动统治以后建立起来的政治制度，是"多数人的统治"，其本质是人民当家做主。毛泽东指出，人民民主专政的国家政权，是由人民当家做主保护人民利益的新型国家，绝不允许任何人侵犯人民的民主权益。1962年，毛泽东在七千人大会上说："在人民内部实行民主，对人民的敌人实行专政，这两个方面是分不开的，把这两个方面结合起来，就是无产阶级专政，或者叫人民民主专政。"① 我国社会主义制度建立以后，人民民主专政的范围非常广泛，它不仅包括工农两个阶级的联盟，而且也包括劳动人民与非劳动者的联盟，人民民主的范围极为广泛，人民所享有的民主权利也极为广泛。

第二，发挥人民民主在社会主义建设事业中的重要作用。在社会主义建设过程中，毛泽东反复论述发扬人民民主的重要性。他认为，只有发扬民主，造成又有集中又有民主，又有纪律和自由，又有统一意志和个人心情舒畅、生动活泼的政治局面，才能充分调动干部群众的社会主义建设积极性；只有发扬民主，才能把人民群众发动起来，发挥监督作用，对反动分子和坏分子实行有效专政，巩固无产阶级的国家政权；只有发扬民主，坚持从群众中来，到群众中去，才能制定出正确的路线、方针和政策，避免"假的、空的、错误的"决策所造成的失误。

第三，发扬社会主义民主必须反对官僚主义。官僚主义是社会主义民主建设的大敌，它对社会主义建设具有极大的危害，因此列宁曾经说："如果说有什么东西把我们毁掉的话，那就是这个（指官僚主义。——引者注）。"② 在列宁看来，根治官僚主义的最重要措施就是发扬社会主义民主。毛泽东对官僚主义也深恶痛绝，他历来十分重视通过发扬民主来克服官僚主义现象。在中华人民共和国

---

① 《毛泽东文集》第8卷，人民出版社1999年版，第297页。
② 《列宁全集》第52卷，人民出版社1988年版，第552页。

成立初期的"三反""五反"运动中,他就提倡用群众民主检举的方法揭发政府机关的贪污、浪费、官僚主义现象。他还说:"凡典型的官僚主义、命令主义和违法乱纪的事例,应在报纸上广为揭发。其违法情形严重者必须给以法律的制裁。"[①] 1956年,国内一些地方出现少数人"闹事"现象,毛泽东认为主要是由一些地方领导上存在着官僚主义和主观主义,工作方法和政策错误造成,对此他非常气愤,并且严厉指出:"有些人如果活得不耐烦了,搞官僚主义,见了群众一句好话没有,就是骂人,群众有问题不去解决,那就一定要打倒。"[②]

第四,社会主义民主既是手段也是目的。毛泽东不仅认为民主是手段,而且认为民主是目的,1957年2月27日,他在最高国务会议上说:"有人说民主是目的。我们跟他们说,民主是手段,也可以说又是目的又是手段。"[③] 这就是说,社会主义在本质上是民主的,民主是目的,是我们追求和实现的目标。但是,民主也是无产阶级取得政权后保持自己领导地位、促进社会生产力发展以及维护人民根本利益的一种手段。因此,社会主义民主是目的和手段的统一,不能把二者割裂开来。把民主仅看作目的,往往容易导致极端民主化;而把民主当作手段,则不利于国家政治生活民主化程度的提高。这在我们党和国家的历史上是有着深刻教训的。

3. 加强执政党建设

中华人民共和国成立后,中国共产党成为在全国范围内执掌政权的执政党,党执政后面临一系列新的问题,使得党开始探索加强执政党的建设问题。

第一,执政地位的取得对共产党提出了新的任务和要求。在1949年中国革命即将取得胜利的七届二中全会上,作为党和国家

---

① 《毛泽东文集》第6卷,人民出版社1999年版,第255页。
② 《毛泽东选集》第5卷,人民出版社1977年版,第324页。
③ 逢先知、金冲及:《毛泽东传(1949—1976)》上,中央文献出版社2003年版,第622页。

的领导人毛泽东强调,"中国的革命是伟大的,但革命以后的路程更长,工作更伟大,更艰苦"①。我们党的工作中心将由农村转移到城市,我们必须以最大的努力学会去管理城市并建设城市。"如果我们现在不是这样地提出问题和认识问题,我们就要犯极大的错误。"② 他还说,严重的经济建设任务摆在我们面前,我们必须学会自己不懂的东西,要学习生产技术、学习生产管理技术等,"我们不但善于破坏一个旧世界,我们还将善于建设一个新世界"③。

第二,防止骄傲自满和蜕化变质。毛泽东提醒全党同志,不要被胜利冲昏头脑而滋长骄傲自满、以功臣自居的情绪,不能贪图享乐而不愿再过艰苦生活。"这一点现在必须向党内讲明白,务必使同志们继续地保持谦虚、谨慎、不骄、不躁的作风,务必使同志们继续地保持艰苦奋斗的作风。"④ 他还要求全党必须高度警惕资产阶级的捧场,防止被他们的糖衣炮弹打中,要充分地认识到革命胜利后阶级斗争的规律及其变化,防止党犯新的错误。为此,中华人民共和国成立以后,党中央采取了一系列措施,加强党的建设。1949年11月即成立中央及各级党的纪律检查委员会;1950年2月,中共中央发出关于加强党和人民群众联系的指示;1950年下半年开展新中国成立后第一次全党整风运动;1951年开展"三反""五反"运动等。特别是新中国开展了反腐第一战,处决了腐败分子刘青山、张子善,纯洁了党的队伍,对于防止腐败现象的滋长蔓延,保持艰苦奋斗、密切联系群众的优良传统都发挥了重要作用。

中华人民共和国成立以后,毛泽东还要求必须始终保持同人民群众的密切联系。毛泽东认为,党群关系好比鱼水关系。我们的社会主义制度能否得到巩固,关键在于能否同人民群众保持好血肉联系。为了防止党脱离群众,毛泽东要求党的各级干部都要参加集体

---

① 《毛泽东选集》第4卷,人民出版社1991年第2版,第1438页。
② 同上书,第1427页。
③ 同上书,第1439页。
④ 同上书,第1438—1439页。

生产劳动，规定领导干部至少每年有三分之一的时间到下面蹲点和调查，将军下连当士兵等，有力促进了党群关系的发展。保持党同人民群众的密切联系，最根本的是要时刻牢记全心全意为人民服务的宗旨。因此，党员干部要增强公仆意识，永远做人民的勤务员，坚决反对脱离群众的官僚主义作风。

第三，实行党内党外监督。共产党只有接受来自党内和党外两方面的监督，才能保持为人民服务的根本宗旨，保持党的优良作风。1956年，邓小平在党的八大关于修改党章的报告中明确指出，我们既需要来自党的内部监督，也需要群众以及党外人士的监督。无论是党内监督还是党外监督，关键在于发展党和国家的民主生活，进一步发扬党的优良传统。党只有不脱离群众并接受群众监督，才能和过去领导革命取得胜利一样，顺利领导国家建设取得胜利。

第四，培养和造就革命事业接班人，防止帝国主义和平演变。关于培养革命事业接班人的问题，是无产阶级执政党建设的一项重要战略任务。中华人民共和国成立后，尤其是从20世纪50年代后期起，由于以美国为首的帝国主义对社会主义国家推行"和平演变"战略，苏联领导人赫鲁晓夫在苏共二十大上全盘否定斯大林，而我国社会主义建设又遇到许多严重问题，促使我们党认识到培养与造就无产阶级革命事业的接班人非常重要。毛泽东认为，培养和造就无产阶级革命接班人就是我们的子孙后代能不能沿着马克思列宁主义正确道路继续前进的问题，也就是我们能不能胜利地防止赫鲁晓夫修正主义在中国重演的问题。

以上都与我们党和国家的命运息息相关。毛泽东提出无产阶级革命事业接班人的根本要求是：对于马克思主义的信仰要十分坚定，并能够认真学习和掌握马克思主义的相关原理；要努力成为为绝大多数人服务的先进工作者，要有很强的集体主义感；要坚决支持和拥护党的民主集中制度；还要有着艰苦奋斗、戒骄戒躁、踏实低调、不卑不亢等自身优良的个人素质；敢于并善于承认和面对自己在工作过程中的缺陷与不足,及时学习并改正自身错误,让自己在学习工作的过程中更加完善、更加充实。

这五个条件,既包括世界观、人生观和价值观,也包括领导作风和工作方法,是借鉴苏共经验教训而提出的,也是我们党在长期革命和建设中选拔和培养干部的经验总结。

(三) 文化建设:建设社会主义新文化

文化建设是社会主义建设的重要组成部分。早在革命时期,毛泽东就强调,文化建设是政治斗争和经济斗争在意识形态领域的反映,并且它还能指导政治斗争与经济斗争。任何社会都不能缺少文化。旧中国不仅经济落后,文化也十分落后。新中国是在"一穷二白"的基础上建立的。所谓"穷",就是没有多少工业,农业也不发达。"白",就是一张白纸,文化水平、科学水平都不高。[①] 在半殖民地半封建社会的旧中国,约有80%的人是文盲。因此,"在革命胜利以后,我们的任务主要地就是发展生产和发展文化教育"[②]。中华人民共和国成立后,党和毛泽东在新民主主义文化的基础上,形成了社会主义文化建设的科学理论与实践。

1. 必须坚持以马克思主义为指导

社会主义文化建设必须坚持以马克思主义为指导。首先,马克思主义是一种科学的思想体系,它深刻阐释了人类社会历史发展的客观规律,也为人类进步与社会的演进发展给出正确方向。而且马克思主义产生于工人运动中,理所当然成为指导工人阶级实现解放的最有力的思想武器。历史上从来没有一种理论像马克思主义那样,与工人阶级和劳动人民的命运如此紧密地联系在一起。过去曾有种种同情人民群众的思潮和学说,但只有马克思主义才能真正反映和代表工人阶级与劳动人民的根本利益。

---

① 《毛泽东文集》第7卷,人民出版社1999年版,第43页。
② 《毛泽东文艺论集》,人民出版社2002年版,第129页。

其次，马克思主义是我国社会主义文化建设的根本。尽管在社会主义中国，马克思主义已经被承认为指导思想，但这一理论武器须臾也不能放弃。就思想文化阵地来说，社会主义的思想如果不去引领，那么资本主义的有关思想就会去占领。因此，毛泽东强调，"无产阶级和资产阶级之间在意识形态方面的谁胜谁负问题，还没有得到真正解决"①。因此，必须坚持以马克思主义为指导，对于资产阶级思想和一切错误思想必须批判，绝不能任其泛滥。

再次，坚持马克思主义在思想文化领域中的指导地位可以抵御资本主义思想体系的渗透。因为哪怕是工人阶级自身，如果单凭自己的力量也不可能形成社会主义的意识形态，"这种意识只能从外面灌输进去"②。如果不对工人阶级灌输马克思主义理论，他们就"会受资产阶级思想体系的支配"③。所以，在社会主义建设过程中，必须坚持马克思主义的指导，用社会主义思想武装民众。

最后，坚持马克思主义为指导，就必须发展马克思主义，把马克思主义的基本原理同中国具体实际结合起来，努力去实现马克思主义中国化。并且还要坚决抵制教条式地对待马克思主义。"教条主义不是马克思主义，而是反马克思主义。"④ 马克思主义作为一种正确的认识必须随着实践的发展而发展，原因在于实践决定认识。因此，随着实践的变化与发展，我们必须在合理遵循马克思主义基本原则的前提下，发展马克思主义。

2. 实行"双百"方针

长期以来，苏联的文化体制也是高度集中统一，党和国家领导机关时常通过行政命令干预学术争论，如在遗传学领域，李森科混淆学术问题与政治问题的界限，给不同的学派贴上各种政治标签，认为反对自己意见的人就是敌人，并且得到斯大林和苏联政府的支

---

① 《毛泽东文集》第7卷，人民出版社1999年版，第281页。
② 《列宁选集》第1卷，人民出版社1995年版，第317页。
③ 同上书，第327页。
④ 《毛泽东文集》第7卷，人民出版社1999年版，第251页。

持。中华人民共和国成立初期，我国对待学术和艺术上的问题，基本照搬了苏联的一些做法。毛泽东对这种教条主义的做法持批评态度。1956年4月28日，他在中央政治局扩大会议上说："讲学术，这种学术也可以讲，那种学术也可以讲，不要拿一种学术压倒一切。你讲的如果是真理，信的人势必就会越来越多。""艺术问题上的百花齐放，学术问题上的百家争鸣，我看应该成为我们的方针。"① 这是毛泽东首次完整地提出"百花齐放，百家争鸣"的方针。1957年2月，毛泽东在《关于正确处理人民内部矛盾的问题》中进一步阐述了文化建设的双百方针。这是促进我国社会主义文化发展进步的主要指导思想。提出"双百"方针的目的在于要调动一切积极因素，要更好地繁荣并发展中国的文学艺术创造，要让我们的科学文化工作尽早追上世界先进水平。

当然，实行"双百"方针，绝不是主张无批判地兼收并蓄，绝不是无原则地包容一切。首先，实行"双百"方针，提倡人民内部的自由，并且伴随人民政权的逐渐巩固，这种自由也会不断增大。但是，在政治上必须划清敌我界限。其次，对人民内部的错误思想既要允许它存在，也要对其进行批评。"对于一些有害的言论，要及时给予有力的反驳"②。最后，要积极开展不同意见的论争，其根本目的就是为了分清是非问题，加强马克思主义在意识形态的领导地位。所以，"双百"方针"并不会削弱马克思主义在思想界的领导地位，相反地正是会加强他的这种地位"③。正确贯彻并执行"双百"方针，发展文艺和科学工作，对于建设社会主义具有重要意义。

3. 大力发展教育和科技事业

发展教育和科技事业是社会主义文化建设的重要内容。教育的发展不能离开一定的社会制度，并且还要适应一定的社会需要。社

---

① 《毛泽东文集》第7卷，人民出版社1999年版，第55、54页。
② 同上书，第196页。
③ 同上书，第280、232页。

会主义的教育尽管要批判地继承中国古代（主要是封建社会）教育和外国（尤其是资本主义国家）教育中的有益成分，但它与封建主义的和资本主义的教育是存在本质区别的。毛泽东指出："中国教育史有人民性的一面。"古代孔子的"有教无类"、孟子的"民为贵，君为轻"以及孙中山领导的民主革命，都对人民的教育产生了深远的影响。"但是就教育史的主要侧面说来，几千年来的教育，确是剥削阶级手中的工具，而社会主义教育乃是工人阶级手中的工具。"① 正是从这一观点出发，毛泽东提出了我国社会主义的教育方针。这一方针是"应该使受教育者在德育、智育、体育几方面都得到发展，成为有社会主义觉悟的有文化的劳动者"②。

为了发展教育事业，充分贯彻党的教育方针。毛泽东提出三条要求。

一是要坚持党的领导。教育工作只有坚持党的领导，才能真正地为社会主义建设服务。因此，各级各类学校都要建立党的组织，这是学校工作的领导核心。在高等学校则实行"党委领导下的以校长为首的校务委员会负责制"。二是坚持群众路线。教育工作也是人民群众的事业，关系到人民群众的切身利益，因此，必须坚持群众路线。教育发展，既要发挥中央的积极性，又要发挥地方和厂矿、企业、农业合作社、学校和广大人民群众的积极性。三是教育要与生产劳动相结合。毛泽东认为："几千年来，都是教育脱离劳动，现在要教育劳动相结合，这是一个基本原则。"③ 教育与劳动相结合，从根本上讲，就是理论与实际相结合的问题。毛泽东认为，青年学生参加生产劳动，和工农结合，是改造自身的世界观和学习实际知识的重要途径。所以，所有学校都要开设劳动课程。社会主义的文化教育是劳动人民要知识化，并且知识分子要劳动化的道路。

---

① 《毛泽东文集》第7卷，人民出版社1999年版，第398页。
② 同上书，第226页。
③ 《建国以来毛泽东文稿》第7册，中央文献出版社1992年版，第396页。

此外，毛泽东还提倡教育改革，缩短学制，改进教学方法和考试方法，减轻学生负担，实现学生德育、智育、体育全面发展。应该说，毛泽东的这些有针对性的意见，对于推进教育改革和发展具有重要借鉴意义。

同时，党也十分关注科学技术事业的发展。20世纪五六十年代提出"四个现代化"的目标，科学技术现代化是其中的一项重要内容，因为没有科技现代化，也就不可能实现工业、农业、国防的现代化，也就不可能把我国建设成社会主义现代化国家。1956年，党在关于知识分子问题的会议中明确指出"知识分子是工人阶级的一部分"，充分肯定了知识分子在社会主义建设中的重要作用。1956年，党中央还提出"向科学进军"的伟大号召，制定了我国科技发展的第一个十年规划（《一九五六——一九六七年科学技术发展远景规划纲要》），1963年又制定了第二个科技发展远景规划（《1963—1972年科学技术发展规划》）。中国共产党从中国原有科技基础十分薄弱的实际出发，提出了中国科技发展的基本方针，这就是"重点发展，迎头赶上"，要尽快地、尽可能地把世界科学的最先进成果引进来，以弥补我国科技发展的不足。因此，一方面要建立自己的门类比较齐全的、能够独立解决我国建设问题的科学技术研究体系；另一方面要下决心发展高尖端技术。

毛泽东还总结了一些发达国家科技发展的经验，他说："资本主义各国，苏联，都是靠采用最先进的技术，来赶上最先进的国家，我国也要这样。"[1] 为了实现在科学技术上赶上发达国家的目标，我们要充分运用和培养大批优秀的科技专家，充分地发挥广大知识分子的作用和积极性。同时，我们在发展科技事业中，既要重视实际应用的技术，也要重视基础理论研究。毛泽东指出："科学研究有实用的，还有理论的。要加强理论研究，要有人搞，不搞理论是不行的。要培养一批懂得理论的人才，也可以从工人农民中间

---

[1] 《毛泽东文集》第8卷，人民出版社1999年版，第126页。

来培养。"①

4. 加强党对社会主义文化建设的领导

毛泽东强调，共产党的领导是社会主义文化建设的组织保证。为此，首先，要加强思想理论工作。各级党委一把手要亲自挂帅，抓好思想工作，要管好报纸、学校、文学艺术和广播。毛泽东还指出："全党都要注意思想理论工作，建立马克思主义的理论队伍，加强马克思主义理论的研究和宣传。"②

加强党对文化工作的领导，必须是文化领域的领导权掌握在马克思主义者的手中。为此，文化领域的党员干部必须认真学习马克思主义理论，学习各种科学文化知识，努力使自己从外行变成内行。对于那种外行无法领导内行的说辞，毛泽东指出，"说共产党不能领导科学，这话有一半真理。现在我们是外行领导内行，搞的是行政领导、政治领导。但是，外行是完全可以变成内行的，办法就是学习"③。同时，毛泽东还提出要充分发扬人民民主，充分团结并带领人民群众参加思想文化工作的有效管理。因为吸收人民群众参与文化的管理是保证文化建设的社会主义方向、坚持为人民服务的重要条件。

党的第一代领导集体对中国社会主义建设战略布局的探索是全方位的，除了把重点放在经济建设、政治建设和文化建设之外，他们对于社会主义社会建设也进行了可贵的探索，对社会主义社会的矛盾问题做出了科学判断与解析，并明确提出了社会主义社会的基本矛盾是生产力与生产关系之间、经济基础与上层建筑之间的矛盾；提出了社会主义社会的矛盾尽管错综复杂，但基本可以分为敌我矛盾和人民内部矛盾两大类，正确区分和处理人民内部矛盾是社会主义国家政治生活的主题。这些对于进一步推进社会主义国家的改革，促进社会的和谐发展都具有积极作用。

---

① 《毛泽东文集》第8卷，人民出版社1999年版，第351页。
② 《毛泽东文集》第7卷，人民出版社1999年版，第200页。
③ 同上书，第264页。

由于社会主义建设的历史不长，我们还缺乏经验。因此，党的第一代领导集体在探索和推进社会主义建设战略布局发展的过程中，也出现了严重的失误，甚至犯了严重的错误。如经济建设上的急于求成，政治发展上追求所谓的"大民主"，文化领域大搞阶级斗争，对传统文化过分强调其消极落后的一面等，都留下了深刻的教训。

三 第一代中央领导集体探索社会主义建设战略布局的经验与教训

第一代中央领导集体关于总体布局的早期探索为中国特色社会主义总体布局的历史演进和建设提供了正反两方面的经验与教训。改革开放以来，总体布局的历史演进也是对以毛泽东为核心的第一代中央领导集体开创的新民主主义革命和建设事业、探索社会主义建设事业的续篇，是对第一代中国共产党人关于总体布局早期探索的创新与发展。

（一）正确认识和把握国情

只有正确认识并科学把握国情，才能根据实际情况和事物发展规律办事，使行动从盲目变化为自觉、从被动变为主动，有效避免脱离现实的"左"的或者右的错误。科学把握国情，从基本国情中引出建设性的结论，是我们从第一代中央领导集体对于总体布局早期探索中汲取的重要经验与教训。

1. 科学把握国情带来的重要成就

第一代中央领导集体科学把握国情的重要标志是制定出符合中国实际的理论路线和方针政策，并且在新民主主义社会和社会主义社会建设初期取得了重要的理论成就和实践成就。

第一，理论上的成就主要是毛泽东思想在中华人民共和国成立后得到了丰富与发展。一方面在新民主主义社会建设时期，关于社会主义改造的理论。包括新民主主义社会是一个过渡性质的社会和党在过渡时期"一化三改"的总路线以及社会主义改造的历史经验等。另一方面在第一代领导集体探索社会主义现代化建设时期，有两大理论贡献。一是关于社会主义社会矛盾的学说。1956年，党的八大阐明了社会主义制度建立后国内主要矛盾的变化和党的中心任务的转移。国内主要矛盾是先进的社会主义制度与落后的社会生产力之间的矛盾，同年，在《论十大关系》一文中详细阐述了关于重工业与农业、轻工业，沿海和内地，党和非党，中央和地方，汉族和少数民族的关系等。1957年，毛泽东作了《关于正确处理人民内部矛盾的问题》的工作报告，明确指出要正确区分和处理敌我矛盾和人民内部两类不同性质的矛盾。同时八大还强调了党的中心任务是加强经济建设。二是关于社会主义现代化发展的学说。包括社会主义工业化道路的建设问题，四个现代化的宏伟设想，中国社会主义建设的目标和战略等。

第二，实践上的成就主要是：在新民主主义建设时期，第一代中央领导集体创造性地开辟了一条适合中国国情的社会主义改造道路，创造了一系列从低级到高级的改造形式，成功实现了对农业、手工业和资本主义工商业的社会主义改造，尤其是对资本主义工商业的社会主义改造，巧妙利用各种形式的国家资本主义，把对企业的改造和对人的改造充分结合起来，成功实现了马克思主义曾经构想过的对资产阶级的和平赎买，并顺利把资本家改造成自食其力的劳动者，是党在社会建设实践中的重大创举。成功实现了向社会主义社会的过渡。中国共产党开始了独立自主探索适合中国国情的社会主义建设道路。经济上建成了比较完整的国民经济体系，工农业生产有了较大发展。教育和科学技术事业上取得很大进步。国防建设也获得较大发展等。

2. 脱离国情导致的重大失误

社会主义改造完成后，我国进入全面建设社会主义的历史新时期，但是由于缺乏社会主义建设经验，对马克思主义关于社会主的理论产生了误解和急于求成、冒进的心态，尤其是对国情的认识和把握存在误区，直接导致社会主义建设的失误。从1957年夏开始，社会主义建设开始进入曲折发展阶段。出现了反右派斗争扩大化、"大跃进"和人民公社化、"文化大革命"、大兴阶级斗争等一系列"左"的错误，这是党的路线方针政策严重脱离中国实际的具体体现，犯了主观主义的错误，违背了马克思主义最根本的东西——实事求是。进而形成了追求"一大二公三纯"和急于向更高发展阶段过渡的错误，严重脱离了生产力发展水平和当时中国的实际。江泽民曾在十五大报告中明确指出："十一届三中全会前我们在建设社会主义中出现失误的根本原因之一，就在于提出的一些任务和政策超越了社会主义初级阶段"[1] 这一基本国情。

3. 要正确认识并科学把握国情

马克思主义认为，在人类社会的发展进程中，人们对当下社会的创造与发展，是对人类前期创造成果的继承与发展，人们不能凭空创造，只能紧密联系当前实际，从他们所处的时代条件和现实的社会情况出发。这就要求人们要在自己特定的历史条件下学会从实际出发，"随时随地都要以当时的历史条件为转移"[2]。因此，在社会主义建设中要学会一切从实际出发、从基本国情出发。科学把握国情取得的重大成就告诉我们这一做法的重要性，而脱离国情带来的重大失误也告诉我们正确把握它的必要性。国情是党提出重大历史任务，科学制定基本路线、方针政策的最直接的凭证和根据。不管哪一个社会主义建设或改革时期都不会改变。只有正确认识和科学把握基本国情，才能切实依据实际情况和事物发展的客观规律办事，让行动从盲目向自觉、主动发生转变，有效避免背离现实的"左"的或右的失误。所以，必须正确认识并科学把握国情。

---

[1] 《十五大以来重要文献选编》上，人民出版社2000年版，第14页。
[2] 《马克思恩格斯选集》第1卷，人民出版社1995年版，第248页。

（二）正确认识"什么是社会主义，怎样建设社会主义"这一首要问题

"什么是社会主义，如何建设社会主义"是邓小平在1985年提出来的，也是毛泽东提出的问题。1960年，美国记者斯诺请毛主席谈谈社会主义建设的经验。毛泽东说："至于社会主义建设，过去没有干过，还没有经验。"① 中华人民共和国成立后，对于"什么是社会主义，怎样建设社会主义"这一重大现实问题长期没有搞清楚，对社会主义社会的基本规定性和基本特征认识不清，缺乏理论与实践的经验与教训。

从1957年后，在社会主义建设的探索中出现了若干重大失误。一方面是"大跃进"和人民公社化的重大失误。从1957年年底发动大跃进到1958年的全面展开，我们犯了过分夸大主观意志作用的严重错误，盲目片面追求经济发展的高速度，严重违背了经济发展的客观规律，是出现三年困难时期的重要原因，给我国经济发展带来巨大损失。并且在生产关系上追求"一大二公"，出现了人民公社化运动，急于向社会主义更高阶段和共产主义社会过渡，造成生产力与生产关系相脱离。

另一方面是强调阶级斗争和无产阶级专政下继续革命仍是当时政治活动的重要内容。在我国基本完成社会主义改造后，由于实行以阶级斗争为纲的基本路线，直接导致了反右派斗争的扩大化。最终酿成严重破坏我国民主生活的"文化大革命"。再加上我国从总体上还没摆脱传统的苏联社会主义模式。探索中出现的重大失误给我国经济及各项建设事业带来很大危害，究其基本原因是没有完全认清和搞懂"什么是社会主义，怎样建设社会主义"。在新政权的构建上，始终无法摆脱苏联模式的影响，无法脱离高度集中的政治经济体制的不良影响；在经济建设方面，犯了脱离国情实际的严重

---

① 《建国以来毛泽东文稿》第10册，中央文献出版社1996年版，第30页。

错误，实行急于求成的赶超策略，盲目发展。还无法摆脱那种革命的惯性，把这种革命的思维引入了社会主义的建设中。甚至超越了我们社会主义发展的初级阶段，完全背离了社会主义建设的规律。

实践证明，进行社会主义事业建设，首先一定要认清"什么是社会主义，怎样建设社会主义"。十三届四中全会以来，邓小平反复强调这一问题。1984年，他在《建设有中国特色的社会主义》中明确指出："什么叫社会主义，什么叫马克思主义？我们过去对这个问题的认识不是完全清醒的。"[1] 随后，在《政治上发展民主，经济上实行改革》中再一次指出问题在于"什么是社会主义，如何建设社会主义。我们的经验教训有许多条，最重要的一条，就是要搞清楚这个问题"[2]。1987年4月，邓小平在《社会主义必须摆脱贫穷》中指出："最根本的一条经验教训，就是弄清什么叫社会主义和共产主义，怎样搞社会主义。"在今后的社会主义建设过程中，能否纠正十一届三中全会前社会主义探索中的错误，是最为直接和关键的，如果没有对这些失误的坚决纠正和拨乱反正，如果没有对"什么是社会主义，怎样建设社会主义"的再思考，就走不出一条具有中国特色的社会主义道路，这是开创中国特色社会主义道路的关键。

（三）正确认识和处理社会主义同资本主义的关系

社会主义改造顺利完成后，我们成功迈入全面建设社会主义建设事业的全新时期，从此以后，我们的社会就属于社会主义性质的，并且社会主义成分占据主体地位并发挥着主导作用，但不是说我们建设社会主义只能利用社会主义性质的东西，而完全去排斥资本主义的所有东西。我们可以把这个作为基点正确认识和处理社会主义同资本主义之间的关系。

---

[1] 《邓小平文选》第3卷，人民出版社1993年版，第63页。
[2] 同上书，第116页。

第一，从人类社会进步发展的客观规律来看，人类社会的发展过程是由低级向高级逐层发展，任何新社会的建设都不能离开前一个社会的积累，必须利用前期留下的生产力、生产关系、资金、材料等来进行新社会的建设。社会主义建设是人类过去改造世界活动的继续和发展，我们必须善于吸收和借鉴人类社会中改造世界的新鲜经验，充分有效地利用人类在实践中创造出的文明成果才能更好地建设社会主义。最后通过社会主义建设的有力实践来推进人类积极改造世界的实践活动，创造出比过去更高的人类文明。

如果我们只继承和利用社会主义性质的文明成果，而排斥其他有利于社会发展的一切成果，无疑是在割裂人类社会发展的继承关系，也必然会在社会主义建设的实践中失去自己的历史根基。社会主义是直接从资本主义社会发展而来的，它在建立之时直接面对的是资本主义社会形成的生产力和社会条件。我们只能从这些条件出发，并直接利用这些条件来建设新社会。因为我国并没有经历资本主义充分发展的阶段，所以经济文化要比西方资本主义国家落后许多。我们就更加需要充分利用人类在资本主义制度下创造的最现代化的文明成果。所以，在社会主义建设的整个过程中，必须学会客观辩证地看待所有资本主义性质的东西，要遵循人类社会进步发展的客观规律。

第二，资本主义的个别优秀成果对社会主义事业建设有利。列宁认为，在社会主义建设过程中，完全摒弃资本主义建设事业的有关成就"便不可能实现社会主义"[1]。"没有资本主义文化的遗产，我们建不成社会主义。"[2] 我们党在带领中国人民和中华民族进行社会建设的过程中"必须充分利用科学、技术和资本主义俄国给我们留下来的一切东西"[3]。列宁极力鼓励并支持社会主义国家借鉴资本主义的优秀成果来建设社会主义，并将其提升到能不能实现和

---

[1] 《列宁专题文集·论社会主义》，人民出版社2009年版，第133页。
[2] 《列宁全集》第36卷，人民出版社1985年版，第19页。
[3] 同上书，第6页。

建成社会主义的高度。

中华人民共和国成立后,由于中国共产党做出了资本主义成分和资产阶级在社会主义建设中具有不良影响的判断,所以急于去消灭资本主义的生产方式和消灭资产阶级,这也是造成中华人民共和国成立后社会主义建设问题上几次"左"倾错误的缘由之一。为了扭转这一局势、进一步发展生产力,1978年,党在十一届三中全会上明确提出改革开放的基本国策。大胆发展私营经济、引进外资,并科学回答了关于"姓社姓资""姓公姓私"的论争问题。为以后明确提出发展社会主义市场经济打下了良好的基础,是中国特色社会主义现代化建设事业的开端。邓小平指出,社会主义的本质就是解放生产力和发展生产力,消灭剥削,消除两极分化,最终达到共同富裕。依据邓小平同志对社会主义本质的科学概括,并结合中国特色社会主义建设事业的现实要求,有力地提出了"三个有利于"的衡量标准。并且对于人类努力创造的一切优秀文明成果,都要大胆为社会主义建设事业服务。比如,资本主义发展过程中所创造和逐渐积累的先进科学技术和先进的管理经验等,都是值得我们学习并借鉴的。

十三届三中全会以来,因为我们采取多种所有制经济成分长期共同存在并且一起发展的策略,所以在我国非公有制经济已经是社会主义经济建设十分重要的组成部分之一。目前,从 GDP 中的比重来看,我国私营经济已经超过了三分之一,个别地方甚至已超过 80%。私营经济真正成为我国经济发展的重要推动力量,同时也是我们充分发挥自主创新能力的有力推动者。约有70%的技术创造、生产和65%的国内专利产品生产都来源于中小企业。实践证明,资本主义的个别优秀成果将对社会主义建设有利,我们必须科学认识并正确处理社会主义同资本主义的关系问题,充分调动一切积极因素为社会主义建设事业服务。

第四章　中国特色社会主义总体布局历史演进的轨迹

　　进入改革开放的新时期,中国特色社会主义的总体布局经历了从"两手抓、两手都要硬"的理论格局到由经济建设、政治建设、文化建设三位一体的重大转变。伴随社会主义市场经济的逐步发展和社会的不断进步,社会建设的具体内容也越来越引起党和国家的重视,总体布局突破了以前的三位一体,而演进为包括社会建设在内的四位一体。进入新世纪新阶段,面对蔓延全球和影响中国可持续发展的生态问题,总体布局不得不将生态文明建设纳入其中,进而演进为"五位一体"的中国特色社会主义总体布局。这是对中国社会主义初级阶段这一基本国情的再一次审度,是对中国社会主要矛盾和现实问题认识逐步深化的必然,同时也是我们处理当前经济社会发展过程中出现不协调因素的必然要求。

一　"两手抓,两手都要硬":总体布局问题的提出(1978—1991)

　　1978年党的十一届三中全会决定把党和国家的工作重心由以阶级斗争为纲转移到社会主义经济建设上来。从此发展生产力,加强社会主义物质文明建设成为全党全国人民的中心工作。但在加强社会主义物质文明建设的同时,社会上出现了道德下降、各种社会犯罪增多等不良现象。基于此,以邓小平为核心的党中央适时提出了加强物质文明建设的同时，也要加强精神文明建设"两手抓"的重要方针。1979年9月，在党的十一届四中全会通过的叶剑英《在庆祝中华人民共和国成立三十周年大会上的讲话》中明确指出，"我们要在建设高度物质文明的同时，提高全民族的教育科学文化水平和健康水平，树立崇高的革命理想和革命道德风尚，发展高尚的丰富多彩的文化生活，建设高度的社会主义精神文明"①。

同年10月，邓小平再次强调"我们要在建设高度物质文明的同时，提高全民族的科学文化水平，发展高度的丰富多彩的文化生活，建设高度的社会主义精神文明"②。1980年12月25日，邓小平又一次在中央工作会议上明确指出："我们要建设的社会主义国家，不但要有高度的物质文明，而且要有高度的精神文明。"③1981年11月，五届全国人大四次会议通过的政府工作报告中也明确指出，只有在建设高度物质文明的同时，也极为重视社会主义精神文明的建设，才能保证我国国民经济的持久发展。1986年党的十二届六中全会明确提出了社会主义现代化建设"总体布局"的概念。这充分表明，改革开放伊始，党和邓小平已经开始对社会主义现代化建设需要一个"总体布局"的思路日益明晰。党的十二届六中全会专门就精神文明建设问题做出决议。1992年，邓小平的南方讲话中，再次强调两个文明一起抓的战略部署。

（一）加强社会主义物质文明建设

社会主义物质文明是指在社会主义社会中通过改造自然所获得的物质成果，主要体现在物质生产的进步和物质生活的改善上。社会主义物质文明建设的过程也是在改造客观世界（包括改造自然和改造社会）中产出物质成果的过程，可以分为社会主义的物质生产

---

① 中共中央文献研究室：《三中全会以来重要文献选编》上，人民出版社1982年版，第234页。
② 《邓小平文选》第2卷，人民出版社1994年版，第208页。
③ 同上书，第367页。

建设与社会主义的物质生活建设。处在我国社会主义初级阶段这一特殊时期，科学理解和把握物质文明建设的内涵还必须明确社会主义的本质及其根本任务。

1. 社会主义的本质及其根本任务

社会主义建设初期，我国经历了相当艰苦与曲折的探索过程，曾一度背离了马克思主义的基本理论与原则，违反了实事求是、脱离了中国国情，实行"以阶级斗争为纲"的基本路线。十一届三中全会以后，以邓小平为核心的中国共产党人把马克思列宁主义作为自己的指导思想并结合我国国情，总结提炼了社会主义的本质及其根本任务。

随着改革开放与社会主义现代化事业建设的纵深发展，中国共产党人在一些基本理论问题上的认识也在不断深化。1984年，我们党提出了有计划商品经济的理论，从此商品经济理论被引入中国的社会主义经济建设中。弱化并冲破了总是把社会主义和商品经济相对立的传统观念；1987年，党的十三大系统论述了社会主义初级阶段理论，这一理论使我们对社会主义的主要矛盾和中心任务有了更深层次的理解和把握；尤其是1992年，邓小平发表南方谈话，科学阐释了什么是社会主义的本质。他指出："社会主义本质，是解放生产力，发展生产力，消灭剥削，消除两极分化，最终达到共同富裕。"[①] 一方面，社会主义的本质论鲜明突出了生产力的基础地位，历史唯物主义认为，生产力决定生产关系进而决定其他一切社会关系，在此基础上，邓小平第一次将解放生产力和发展生产力提升到社会主义本质要求的高度来认识，是对历史唯物主义的继承与创新。同时，我国处在社会主义初级阶段，并且面临着世界新科技革命与经济全球化的巨大挑战，务必要加快推进社会主义社会生产力的发展。另一方面，突出了共同富裕的历史任务，以邓小平为核心的中国共产党人进一步强调了"社会主义与资本主义不同的特

---

① 《邓小平文选》第3卷，人民出版社1993年版，第373页。

点就是共同富裕"①,"我们坚持走社会主义道路,根本目标是实现共同富裕"②。

这一著名论断既是马克思主义中科学社会主义基本原理的具体体现,也是根据我国国情和时代特点而得出的科学结论;它有力阐释了"什么是社会主义,怎样建设社会主义"这一重大现实问题;正确指导了社会主义总体布局的历史发展进程。

社会主义社会的根本任务是解放和发展生产力。生产力的发展是社会进步发展的最终决定性因素,马克思曾经形象地指出:"手推磨产生的是封建主的社会,蒸汽磨产生的是工业资本家的社会。"③ 说明不同性质的生产关系最终由不同性质的生产力决定,不同的社会制度应有其相应的生产力基础,社会主义社会也不例外。历史经验告诉我们"社会主义的第一个任务是要发展社会生产力"④。主要原因是由我国初级阶段的基本国情及其主要矛盾决定的,中国处于社会主义初级阶段,生产力比较落后,同时,"人民日益增长的物质文化需要同落后的社会生产之间的矛盾"⑤,将长期存在于我们现代化建设的过程中以及社会生活的各个方面,这也决定了要把发展生产力和经济建设作为主题。这一理论实践为党确立新时期的基本路线奠定了最坚实的理论基石,也为在改革开放实践中进一步解放思想、开拓创新提供了最有力的思想武器。

2. 社会主义物质文明建设的有效途径

改革开放后,党的全部工作重心都转移到了社会主义现代化建设事业上,强调以经济建设为中心,并且要建设高度的社会主义物质文明,这是解决社会主要矛盾的根本途径。以邓小平为核心的中国共产党人如何建设社会主义物质文明?

---

① 《邓小平文选》第 3 卷,人民出版社 1993 年版,第 123 页。
② 同上书,第 155 页。
③ 《马克思恩格斯选集》第 1 卷,人民出版社 1995 年版,第 142 页。
④ 《邓小平文选》第 3 卷,人民出版社 1993 年版,第 227 页。
⑤ 中共中央文献研究室:《三中全会以来重要文献选编》下册,人民出版社 1982 年版,第 839 页。

一方面，锐意进取，推进改革。"改革是中国的第二次革命"①，不管是要清除解放和发展生产力的有关束缚，还是从政策重新选择、体制重新建构的复杂性和广泛性，或是从引起的社会生活和人们观念变化的深刻性和广泛性来说，改革无疑都是一场革命。改革的内容十分广泛，概括起来就是改革所有不适应解放和发展生产力的生产关系和上层建筑，并且也是对生产关系和上层建筑的自我完善与发展。由此，邓小平认为，"改革是全面的改革，包括经济体制改革、政治体制改革和相应的其他各个领域的改革"②。具体说来，有改革所有制的简单化、管理上的过分集中、分配上的平均主义、流通领域中各种不合理的规章制度、机构设置，加强民主与法制建设等。在经济体制改革中，实行市场经济，逐步建立和完善社会主义市场经济体制；实行"三步走"的发展战略，全面建成小康社会。在政治体制改革中，要建设中国特色的社会主义民主政治，要"建立高度民主、法制完备、富有效率、充满活力的社会主义政治体制"。③ 另外，在科技体制改革方面和教育体制改革上，要让科技充分为经济服务，形成科技同经济密切配合的新体制。建立起能够主动适应经济和社会发展等多方面需要的新体制。

另一方面，开拓创新，实行对外开放。要勇于开拓创新，敢于利用两个市场，两种资源，使国内经济与国际经济相接轨，建立开放型经济。"经验证明，关起门来搞建设是不能成功的，中国的发展离不开世界，"④ 现在的世界是开放的世界，"历史经验教训说明，不开放不行"⑤。在邓小平改革开放理论的指导下，我国勇于开拓创新，实行了全方位、多层次、宽领域的对外开放。对外开放的伟大决定冲破了我国长期闭关自守和贫穷落后的局面，对外开放

---

① 《邓小平文选》第3卷，人民出版社1993年版，第113页。
② 同上书，第237页。
③ 中共中央文献研究室：《十三大以来重要文献选编》上，人民出版社1991年版，第35页。
④ 《邓小平文选》第3卷，人民出版社1993年版，第78页。
⑤ 同上书，第90页。

思想是邓小平理论的重要组成部分。总之，改革与开放两大途径都为建设高度的社会主义物质文明做出重要贡献，是我国社会经济持续稳定发展的基本国策。

（二）重视社会主义精神文明建设

1. 精神文明建设的内涵及其重要性和必要性

精神文明可以说是人类在改造客观世界与主观世界的实践进程中获得的精神成果的总和，是人类思想智慧和道德境界的提升状态。精神文明建设是指通过思想道德素质建设与教育科学文化的建设，从整体上大力提高人民的思想道德素质与科学文化水平。

第一，建设高度发达的社会主义精神文明能够为物质文明建设提供充足的精神动力。首先，精神文明建设的重要内容是培育人们的共产主义理想和信仰，我们的最高理想是实现共产主义，根本任务是发展生产力，要靠人民的共同理想和精神信念实现。邓小平说："我们过去几十年艰苦奋斗，就是靠用坚定的信念……为人民自己的利益而奋斗……没有这样的信念，就没有一切。"[①] 只有依靠精神文明建设才能为物质文明建设提供精神动力，这就是中国共产党所特有的政治优势。其次，科学文化教育在社会主义事业的建设中发挥着重要作用。然而，社会主义现代化对科学和教育水平的要求与现实生活中科学、教育水平的落后之间差距较大，决定了精神文明建设担负着把科学和教育搞好的艰巨任务。虽然我国的科学教育获得较大发展，但是显然科学还没能真正成为经济增长的主要推动力量。要改变现状，建设高度的社会主义物质文明，就必须加快科技体制和教育体制改革，精神文明建设为物质文明建设提供智力支持。最后，进入改革开放的新时期后，一些西方资本主义腐朽思想乘虚而入，一些封建迷信思想也卷土重来，如果不及时加强精

---

① 《邓小平文选》第3卷，人民出版社1993年版，第190页。

神文明建设，很可能会导致思想混乱，从而影响社会主义现代化建设事业与改革开放的顺利开展。所以，必须尽全力加强社会主义精神文明建设。

第二，建设高度发达的社会主义精神文明有利于解决我国主要矛盾。我国社会"人民日益增长的物质文化需要同落后的社会生产之间的矛盾"，把如何满足人民的文化需要同物质需要一样，作为解决社会主义主要矛盾的重要问题。改革开放以来，随着经济的发展，人民物质生活的改善，公众对于文化的需要也逐渐增加。据统计，1985年，农村每人平均用于报纸杂志、文化娱乐等方面的消费，比1980年增加了至少一倍。城镇人口用于文化消费的增长速度也超过了衣食住行的增长速度。从我国的现实国情出发，建设高度的社会主义精神文明有利于满足人民的精神和文化需要，更加有助于解决我国主要矛盾。

2. 推进社会主义精神文明建设的主要内容

第一，加强思想道德建设。通俗地说，思想道德建设可以分为思想建设与道德建设两个方面，思想建设要解决的是民族的精神支柱和精神动力问题，也是根本，决定着精神文明建设的社会主义性质。具体来说，它解决的是世界观、人生观与价值观的问题，并要求人们要树立正确的立场、观点以及方法，坚定理想和信念，邓小平十分重视理想和信念的作用，认为理想和信念是革命和建设取得胜利的重要思想保证。他认为，如果没有坚定的理想信念，就不会有充足的凝聚力。如果没有坚定的理想信念，将会没有一切。要用马克思主义理论来武装我们的头脑，坚持不懈，艰苦奋斗。依靠理想和信念的作用形成推动历史前进的巨大合力。

道德是经济基础的反映，根据不同的价值取向，可以分为以个人利益为本位的个人主义和把个人利益与整体利益融为一体、必要时牺牲个人利益的集体主义。社会主义道德建设就应该"鼓励人们发扬国家利益、个人利益相结合的社会主义集体主义精神，发扬顾全大局、诚实守信、互助友爱和扶贫济困的精神"①。具体来说，社会主义道德建设主要包括职业道德建设、公共生活道德建设和移风易俗，形成健康良好的生活方式。要坚决同一切腐朽思想做斗争，批判继承人类历史上一切优良道德传统。

第二，加强教育科学文化建设。加强教育科学文化建设首要目的是提高全民族的科学文化素质。邓小平认为全党必须重视科学教育，要彻底扫除轻视教育、轻视人才的恶习；他认为"科学技术是第一生产力"，明确了科学教育在现代化建设中的重要地位；明确了教育科学要面向世界、面向现代化，进一步强调了教育科学的战略任务；还要深化科技和教育体制的改革，充分调动知识分子的积极性，为现代化建设多出成果和人才。同时，文化工作人员要紧紧围绕现代化建设这个中心任务，进一步加强教育科学文化建设。

物质文明建设的加强与精神文明建设的推进促成了"两手抓、两手都要硬"的总体布局的初步形成。同时，随着各种条件要素的改变，总体布局也在继续延伸与发展。

二 "三位一体"：总体布局的构建(1991—2006)

"三位一体"总体布局的构建历程主要是以1991年江泽民的"七一"讲话（提出要以政治、经济、文化三方面作为建设的基本任务）为逻辑起点至2006年党的十六届六中全会通过《中共中央关于构建社会主义和谐社会若干重大问题的决定》。

（一）"三位一体"总体布局的提出

随着改革开放和社会主义现代化建设的发展，我们党对社会主

---

① 中共中央文献研究室：《十二大以来重要文献选编》下，人民出版社1988年版，第1181页。

义总体布局的认识在不断深化。1991年,江泽民在"七一"讲话中,首次从经济、政治、文化三个方面论述了社会主义建设的基本任务,表明我们党对经济建设、政治建设、文化建设协调发展有了更加深刻的认识。党的十四大以后,党的基本路线在承接前期成果的基础上主要在经济、政治、文化三方面逐步展开。在党的十五大报告中,江泽民根据社会主义初级阶段的这一基本国情,第一次明确阐释了什么是社会主义初级阶段的基本纲领,即经济纲领、政治纲领、文化纲领,初步构建"三位一体"的总体布局。

2002年7月,江泽民在考察中国社会科学院时明确提出:"建设有中国特色社会主义,应是我国经济、政治、文化全面发展的进程,是我国物质文明、政治文明、精神文明全面建设的过程。"[①]可见,江泽民第一次把物质文明、政治文明和精神文明并列起来,充分表明党对人类文明发展的整体性、全局性的认识与把握。2002年11月,江泽民在党的十六大报告中,进一步把社会主义物质文明、政治文明、精神文明三者确立为社会主义现代化全面发展的三大基本目标,从而使中国特色社会主义的理论和实践更加成熟和完善,也标志着"三位一体"总体布局的成熟与完善。

(二) 确保国民经济持续健康快速发展

建设中国特色的社会主义经济,确保国民经济持续健康快速发展,是对马克思主义政治经济学理论的正确运用和发展。是党从社会主义初级阶段的基本国情出发,进行经济建设的基本经验和政策的总结与运用。

1. 正确认识和处理改革、发展同稳定之间的关系

江泽民关于科学认识并正确处理改革、发展同稳定之间的关系问题,科学反映出中国共产党对社会主义现代化建设事业规律认识

---

① 温红彦:《大力加强我国哲学社会科学建设,为有中国特色社会主义事业服务》,《人民日报》2002年7月17日要闻版。

第四章　中国特色社会主义总体布局历史演进的轨迹

的逐步深入。要正确把握改革的力度、发展的速度及社会可以承受的程度，并要努力使三者相互协调并且相辅相成，以此来统领全局。

党的十三届四中全会后，以江泽民为核心的党中央极为关注改革、发展同稳定三者之间的密切联系。并强调指出，"改革、发展、稳定，好比是我国现代化建设棋盘上的三着紧密关联的战略性棋子……如果有一着下不好，其他两着也会陷入困境，就可能全局受挫"①。党通过反复推敲、认真研究，提出了必须做到进一步深化改革，以全力扩大对外开放，在社会主义国家整体范围内促进发展，充分发挥各种力量，保持国家和社会发展稳定的主要目标和任务。这将是"指导我们当前和今后的全局工作，正确处理改革、发展、稳定三者关系的重要方针"②。在这一方针的指导下，党在这一时期始终把发展农业摆在经济发展的突出重要地位甚至是首位；并且要实施积极的财政政策与稳健的货币政策；努力拉动内需，以此促进国民经济的稳定增长；按照建立社会主义市场经济体制的需要，推进国有企业的改革，增强国家宏观管理能力；促进经济结构和产业结构的调整，实施西部大开发，支持落后地区的发展，加强再就业和完善社会保障体制建设，等等。

改革是动力，是发展的必然要求；发展是目的，是解决所有问题的关键；稳定是前提和保证。江泽民指出，改革、发展、稳定构成了我国社会矛盾运动的三个方面，关系处理得当，就能纵览全局，保证经济社会顺利发展；处理不当就会吃苦头，付出代价。③所以，必须正确处理改革、发展、稳定的关系。

2. 确立社会主义市场经济体制改革的目标

社会主义市场经济体制改革总目标的确立，起于邓小平，成于

---

① 《江泽民论有中国特色社会主义》专题摘编，中央文献出版社2002年版，第211页。
② 同上。
③ 《中国共产党第十四届中央委员会第五次全体会议文件》，人民出版社1995年版，第10页。

· 97 ·

江泽民。改革开放后，在邓小平关于社会主义也可以发展市场经济科学理论的指导下，党的十二大上明确提出了以"计划经济为主、市场调节为辅"的著名的经济建设思想；党的十三大上也强调了"计划与市场内在统一的体制"，也将是国家来调节市场、市场来引导企业的经济运行模式；① 1992年春，邓小平在南方讲话中明确提出，"计划多一点还是市场多一点，不是社会主义与资本主义的本质区别。计划经济不等于社会主义，资本主义也有计划；市场经济不等于资本主义，社会主义也有市场。计划和市场都是经济手段"②。这一辩证的、精彩的论断打破了把原有的将计划经济与市场经济作为衡量社会基本经济制度范畴的传统观念。

邓小平南方讲话后，中国共产党对于计划与市场关系的认识有了进一步的发展。江泽民在中央党校关于省部级干部进修上的讲话中指出，我们要建立社会主义市场经济体制。在同年10月召开的党的十四大上，江泽民指出，"我国经济体制改革的目标是建立社会主义市场经济体制"③。这一经济体制改革目标的确立，把市场经济与社会主义基本制度相结合，打破了长期以来对于计划与市场关系之间争论不休的局面，是我们党对马克思主义经济学理论的创造性发展。

3. 实施可持续发展战略

在社会主义现代化建设的进程中，如何处理好人口、资源与环境的关系，保持经济持续健康发展，是一个关系着全局的重大战略问题。为了进一步达到经济社会与人口资源以及环境发展的协调统一，中国共产党适时提出实施可持续发展战略。

改革开放后，在经济较快发展的同时，破坏环境、浪费资源的问题日益严重。中国共产党极为重视这一问题，1989年9月，江泽民

---

① 袁恩桢：《江泽民和社会主义市场经济理论》，《毛泽东邓小平理论研究》2011年第3期。
② 《邓小平文选》第3卷，人民出版社1993年版，第373页。
③ 《江泽民文选》第1卷，人民出版社2006年版，第226页。

指出:"严格控制人口增长,提高人口素质,合理利用资源,注意保护生态环境。这些都是至关重要的。"① 1992 年 6 月,在巴西里约热内卢召开的环境与发展会议上,联合国提出了全球可持续发展战略。之后,中国履约正式初步形成了人口、经济、社会、资源、环境等多方面可持续发展政策。"在社会主义现代化建设中,必须把贯彻实施可持续发展战略始终作为一件大事来抓。"② 经济发展必须与人口、环境、资源相协调。党的十五大再次强调实施可持续发展战略,并把这一战略作为我国经济社会发展的决定性方针之一。

(三) 加强社会主义政治文明建设

在社会主义总体布局建设的大框架下,这一时期政治建设的主要内容在继承前期的基础上也有新的突破与发展。主要体现在推进政治体制改革与推行依法治国两个方面。

1. 推进政治体制改革

在人类政治发展史上有两种意义的革命,一种是解决基本制度问题的革命,一种是解决具体体制问题的革命。我国政治体制改革属于后者。党的十三届四中全会后,以江泽民为代表的中国共产党人积极稳妥地推进我国的政治体制改革。

我们党在继承和发展邓小平关于政治体制改革理论的前提下,继续紧紧结合我国政治体制改革的有关实践,提出了一系列重要理论观点。党的十五大明确指出:"推进政治体制改革,必须有利于增强党和国家的活力,保持和发挥社会主义制度的特点和优势,维护国家统一、民族团结和社会稳定,充分发挥人民群众的积极性,促进生产力发展和社会进步。"③ 改革中的这五项原则被简称为

---

① 中共中央文献研究室:《十三大以来重要文献选编》中,人民出版社 1991 年版,第 619 页。
② 中共中央文献研究室:《江泽民论有中国特色社会主义》专题摘编,中央文献出版社 2002 年版,第 279 页。
③ 中共中央文献研究室:《十五大以来重要文献选编》上,人民出版社 2000 年版,第 31 页。

"五个有利于"。同时，在整体改革中还要坚持"纵览全局，协调各方"的原则。"纵览全局"要求把主要精力放在抓方向、议大事、管全局上，集中精力解决好具有全局性、战略性和前瞻性的重大问题上。"协调各方"要求统筹协调好党委与人大、政府、政协和人民团体之间的关系，充分调动各方的积极性。另外，还要求以"有领导有秩序"的方式推进政治体制改革，即必须在中国共产党的领导下，在现有的政治制度的框架内，沿着中国特色社会主义政治道路有计划、有目的、有步骤地向前推进。

中国共产党顺应时代潮流和人民意愿，在推进政体改革上取得显著成就。

第一，政府机构改革进展顺利。从20世纪90年代开始，党先后进行了两次规模较大的政府机构改革，在实现政企分开、精简机构、提高效能等方面有了重大进步。1993年3月，党的十四届三中全会审议通过《关于党政机构改革的方案》，把转变政府职能作为重点，经过改革，国务院组成机构由原来的86个减至59个，非常设机构由85个减至26个，完成了精减人员20%的任务。但是这次改革仍然与社会主义市场经济发展的要求存在较大差距。党的十五大明确指出，"机构庞大，人员臃肿，政企不分，官僚主义严重，直接阻碍改革的深入和经济大发展"[①]，这个问题亟待解决。因此，党的十五届二中全会又通过了《国务院机构改革方案》，并制订了"定职能、定机构、定编制"的方案。据此，由政府转交给企业、地方的职能有200多项，部门内设的司局级机构减少了200多个，精简了25%，机关人员编制总数减少了47.5%，国务院办公厅精简了51%，基本达到预期目标。同时，1999年通过了《关于地方政府机构改革的意见》，地方政府机构改革也取得了重要进展。这是改革开放以来机构变更最大、人员调整最多的一次，有效地提高

---

① 中共中央文献研究室：《十五大以来重要文献选编》上，人民出版社2000年版，第33页。

了政府的行政能力和工作效率。

第二，干部人事制度改革成效显著。各地方各部门积极引入竞争机制，实行领导干部公开选拔、竞争上岗、任前公示和任职试用期等一系列制度；不断完善干部考核制。1995年始，中央至地方进行党政领导班子届中考核，正式实行国家公务员制度；干部交流工作逐步规范，规模也在扩大；对权力机关与干部的监督和制约也在不断强化，积极推行民主评议制度、谈话诫勉制度，甚至有的地方还实行了用人失察失误追究制度；鼓励干部能上能下，逐步建立了科学的干部考评机制。

这一时期政治体制改革所取得的成就，为之后逐步形成一个办事高效、科学规范的行政管理体系和高素质的专业化行政管理干部队伍打下了坚实的基础。

2. 推行依法治国的基本方略

以江泽民为代表的第三代中央领导集体十分重视法制建设。1992年10月，在党的十四大报告中江泽民明确指出："没有民主和法制就没有社会主义，就没有社会主义的现代化"，并正式提出要在"本世纪末初步建立适应社会主义市场经济的法律体系"。1996年2月，江泽民在中共中央举办的法制讲座上再一次强调了实行依法治国方略。在此基础上，1997年9月，党的十五大根据我国经济体制改革和社会主义现代化建设发展的需要，第一次阐释了依法治国的科学含义，还把它确定为我们党领导人民治国理政的基本方略，主要围绕以下几个方面展开。

第一，建立健全社会主义法律体系。通过立法建立健全社会主义法律体系是实行依法治国的前提和基础。所以要及时研究新情况和新问题，适时修改或废止不适应改革与发展要求的法律，并相应地制定新法律，努力建立起一个结构严谨、内部和谐、完备的法律体系。目的是真正实现法的统一性、完整性、至上性、公正性和稳定性。

第二，实现国家行政管理的法治化。依法治国就要做到以法律限制和规范公共权力，保障公民的权利和自由。因此，加强社会主义法治建设的关键在于建设法治政府。在整个国家机关序列中，行政机关所占比重最大，拥有部门最多，约有80%以上的法律法规由行政机关执行，在依法治国中担负着繁重的任务。因此，国家行政机关在整个执法活动中发挥着举足轻重的作用。

第三，建立健全公正的司法制度。要对司法机关的机构设置、职权划分进行适当的改革，要符合国情和国际惯例。要提高司法机关依法行使审判权、检察权的独立性，任何行政机关、社会团体和公民都不得干涉。还要努力创造司法机关公正运用法律的条件，实行公开审判制度、辩护制度和举证责任制度等。另外，还要打造高素质的司法队伍。

第四，增强民主法制观念。中国是一个有着几千年封建社会历史的国家，人民封建意识浓厚，民主法治观念比较淡薄。长此以往，再完善的法律也会在实际生活中扭曲和变形，因此，"加强社会主义法制建设，坚持依法治国，一个重要任务是要不断提高广大干部、群众的法律意识和法制观念"[1]。让法制观念内化到人们心理结构的底层，积淀为人们的心理素质，并以稳定的思维方式表现出来，直接影响着人们的社会行为，对于依法治国方略的实施具有长远意义。[2]

（四）发展社会主义先进文化

民族精神是一个民族在历史长期发展过程中，逐渐孕育而成的精神样态，也是一个民族的内在心态和存养。是社会主义文化建设的重要内容。发展以弘扬民族精神为主题的社会主义文化是十分重要的。

---

[1] 中国司法部：《中共中央法制讲座汇编》，法律出版社1998年版，第107页。
[2] 闫志民：《中国特色社会主义理论发展史》，人民出版社2012年版，第391—393页。

1. 发展以弘扬民族精神为主题的社会主义文化的重要性

"中华文化是时代精神和民族精神的共同载体,其中有时代性的历史糟粕,更有民族精神的历史积淀。"① 中国共产党历来十分重视民族精神的弘扬。早在1989年9月,江泽民就明确强调,"不能设想,一个没有强大精神支柱的民族,可以自立于世界民族之林"②。"中华民族有着自己的伟大民族精神。这个民族精神……是中华民族生命集体中不可分割的重要成分。"③ 也是中国人民和中华民族薪火相传、继往开来的强大精神动力。它是在中华民族五千多年的历史发展进程中的文化沉淀里所形成的"以爱国主义为核心的团结统一、爱好和平、勤劳勇敢、自强不息的伟大民族精神"④。可以说,努力发展以弘扬民族精神为主题的文化具有重要的现实意义。

第一,大力培育并弘扬民族精神关系到国家的前途命运。民族精神是民族文化的核心和灵魂,保持民族文化的生机和活力,最重要的是发扬民族文化的优良传统,为民族文化注入经过长期积淀所形成的优秀的民族精神。文化作为维系一个国家和民族的精神纽带,假如失去了它固有的民族特性与民族精神,难免就会导致民族精神方面的衰落,甚至是民族的消亡。

第二,大力培育并弘扬民族精神具有国际意义。经济全球化以来,经济、政治、文化结合得愈加紧密。然而,西方文化在世界范围内首先获得话语权,其他文化被无情地肢解甚至扭曲,甚至被妖魔化、边缘化。伴随知识经济的扩张导致西方文化的渗透和扩张势头更为强劲。各民族保护自身文化的实践也获得广泛的理解和支

---

① 周建标:《弘扬民族精神建设社会主义先进文化》,《华中农业大学学报》2007年第6期。
② 中共中央文献研究室:《十三大以来重要文献选编》中,人民出版社1991年版,第626页。
③ 中共中央文献研究室:《十五大以来重要文献选编》上,人民出版社2000年版,第550页。
④ 本书编写组:《十六大报告辅导读本》,人民出版社2002年版,第35页。

持，中国也应该正视自己的传统文化，积极培育和弘扬民族精神，努力打破西方文化霸权。

2. 发展以弘扬民族精神为主题的社会主义文化的思路

弘扬以民族精神为主题的社会主义文化，首先，要积极弘扬传统文化，体现其民族性。要传承和发扬中华民族优秀文化传统，古为今用，体现鲜明的中国作风和中国气派，反映中华民族生生不息、薪火相传的强大精神动力。其次，要有科学的指导思想。马克思主义是人类历史上迄今为止最科学、最严谨的科学理论体系，它科学地揭示了人类社会的发展规律，具有高度的科学性与革命性。为世界人民的解放和发展指明了前进的道路。因此，我们要以马克思主义及其中国化的理论成果作为武装，来指导如何弘扬以民族精神为主题的社会主义文化。再次，必须与时代精神相结合。为了更好地弘扬民族精神，还必须宣传和弘扬紧跟时代、勇于创新的精神。始终站在时代的前列，把社会主义文化建设推向前进。最后，还要以大众化的表现形式，体现人民性。人民是历史的创造者，他们在创造物质文明的同时，也创造了精神文明。所以弘扬民族精神必须发动人民群众的巨大能量，永葆以民族精神为核心的社会主义文化的生机和活力。

另外，还确立了全面建设小康社会的目标任务。实现社会主义现代化，是党矢志不渝的政治追求。深化了邓小平关于"三步走"的发展战略，提出把全面建设小康社会作为21世纪头20年的奋斗目标，丰富了党关于社会主义初级阶段的理论，有利于最广泛最充分地调动一切积极因素为实现社会主义现代化而奋斗。党的十六大上，江泽民指出："我们要在本世纪头20年，集中力量，全面建设惠及十几亿人口的更高水平的小康社会，使……人民生活更加殷实。"[①] 我们党确立了全面建设小康社会的目标任务，经过这样的

---

① 《中国共产党第十六次全国代表大会文件选编》，人民出版社2002年版，第18页。

发展阶段，到 21 世纪中叶要基本实现现代化，把我国建设成为富强民主文明的社会主义现代化国家。

综上所述，我国国民经济的持续健康快速发展与社会主义政治体制改革的逐步推进，还有以弘扬民族精神为主题的文化的建设，三者构成了"三位一体"的总体布局，这是对"两手抓，两手都要硬"的总体布局的延伸。

三 "四位一体"：总体布局的拓展（2006—2012）

"四位一体"总体布局的形成以 2006 年十六届六中全会通过的《中共中央关于构建社会主义和谐社会若干重大问题的决议》为标志，到 2012 年党的十八大明确提出加强社会主义生态文明建设的重要命题。构建社会主义和谐社会的提出适应了我国社会生活和社会结构深刻变化的需要，标志着中国特色社会主义总体布局已经由政治、经济、文化的"三位一体"模式向政治、经济、文化、社会"四位一体"模式的演进与发展，是总体布局在社会主义建设新时期的拓展。

（一）"四位一体"总体布局的提出

和谐社会就是社会的各个群体能够实现良性互动，整个社会表现出公正、和谐、稳定的状态，社会从总体上实现安全运行和健康发展。实现社会和谐一直是中国共产党的一个重要社会理想，我们党在中国特色社会主义政治、经济、文化建设的基础上，适时提出构建社会主义和谐社会，是对中国特色社会主义事业建设的重要贡献。

20 世纪 90 年代后，以建立社会主义市场经济为目标的改革，打破了原有的利益格局，并催生了大量的利益主体和利益群体，逐渐形成了多元化的利益格局。然而，我国城乡二元结构造成的一系列矛盾与问题对我国经济社会的和谐发展和全面进步产生的诸多不利影响越来越凸显;由于资源禀赋、地理条件、人文历史、资金技术等方面的差异,我国不同地区的发展是不平衡的;随着新增劳动人口年龄的持续增长,农业劳动力转移人口增多,就业压力越来越大;我国人口众多,把人口大国建设成为人力资源强国的要求也愈加迫切;随着生产发展和物质生活水平的不断进步,人民群众对文化的需求远远超出当前文化的发展。

以上问题的出现为社会发展带来诸多不和谐现象,如社会发展滞后,公共资源分布不均,收入分配差距拉大,人民内部不同利益主体、利益群体间的物质利益矛盾日益凸显。虽然这些矛盾与问题都是处在社会主义初级阶段建设中不可避免的,但是许多是深层次的,任其发展可能引发更大、更激烈的社会问题与矛盾。

面对社会领域的变化,2002年,江泽民在党的十六大报告中明确提出要使"社会更加和谐",就是要求在社会生活中"保持长期和谐稳定的社会环境",这是中国共产党第一次提出关于社会和谐的目标和任务。党的十六大后,基于处在战略机遇期和矛盾凸显期的发展阶段,从保持社会和谐稳定的现实需要出发,把"社会更加和谐"发展为构建社会主义和谐社会的构想。2004年9月,党的十六届四中全会从加强和改进党的执政能力建设这一问题出发,第一次提出了"构建社会主义和谐社会"这一重大课题,使全面建设小康社会的总体布局,从发展社会主义市场经济、社会主义民主政治和社会主义先进文化三位一体,扩展为包括构建社会主义和谐社会在内的四位一体总体布局。根据社会发展的新要求、新特点、新趋势,2005年2月,胡锦涛概括了社会主义和谐社会就是"民主法治、公平正义、诚信友爱、充满活力、安定有序、人与自然和谐相处的社会"[1],这一概括明确了社会主义和谐社会的科学含义,

---

[1] 胡锦涛:《在省部级主要领导干部提高构建社会主义和谐社会能力专题研讨班上的讲话》,《人民日报》2005年6月27日第1版。

为全党正确认识和理解如何建设社会主义和谐社会指明了方向。

2006年10月,党的十六届六中全会通过了《中共中央关于构建社会主义和谐社会若干重大问题的决定》,这是确定构建社会主义和谐社会这一重大命题的纲领性文件,强调坚持社会主义市场经济的改革方向,适应社会发展要求,同步推进经济体制、政治体制、文化体制、社会体制的改革创新,鲜明体现了总体布局已经发展为经济建设、政治建设、文化建设、社会建设的"四位一体",标志着"四位一体"总体布局的提出与形成。

(二) 促进国民经济又好又快发展

在继提出要"确保国民经济持续健康快速发展"之后,2007年10月,党的十七大报告明确提出要"促进国民经济又好又快发展"。从"持续健康快速"到"好"与"快"的演变,是总体布局在经济建设方面局部的深化与发展。

1. 国民经济又好又快发展的内涵与重要性

国民经济又好又快发展本身要求生产要素的投入与产出应该不断满足人民日益增长的物质文化需要,并且要与自然资源的有序开发、科学利用,与生态环境相协调。国民经济又好又快发展的科学含义要注意充分理解"好"与"快"的内涵。

"好"的内涵:第一,经济效益好。经济效益,是通过商品和劳动的对外交换所获得的社会劳动节约,经济效益好即以尽量少的劳动消耗取得尽量多的经营成果,或者以同等的劳动消耗取得更多的经营成果。第二,社会效益好。社会效益是相对于经济效益而言的,社会效益好一般是指产品和服务对社会产生良好的后果和影响。第三,环境效益好。环境效益好是指国民经济在生产过程中要有利于保护环境,不断改善人类生产、生活和消费环境。"快"的内涵科学地说,应该置于"好"的前提下理解,在国民经济可承载的范围内,既不出现通货膨胀,也不出现通货紧缩的前提下,实现国民经济尽可能地快速发展。因此,所谓国民经济又好又快发展是指在国民经济可承载的前提下，实现经济效益、社会效益、环境效益的有机统一，国民经济得到最大限度的发展。

促进国民经济又好又快发展的重要性在于：第一，是科学发展观的本质要求。发展是科学发展观的第一要义，实现发展上的又好又快是在经济工作中切实贯彻科学发展观的具体体现。又好又快就是要保持发展的稳定性，使经济增长速度保持在比较合理的区间，防止出现大起大落；也是要增强发展的协调性，不断优化经济结构。就是要提高经济效益，低投入、高产出，实现速度与结构、质量与效益相统一，就是要实现发展的持续性，促进经济发展与人口、资源、环境相协调，实现可持续发展，还要保障发展的普惠性，坚持以人为本，使发展成果由广大人民共享。新时期，只有实现又好又快发展才能推动国民经济走向科学发展的轨道。[1]

第二，是保持国民经济持续健康稳定发展的需要。自2003年以来，我国经济虽然保持了持续健康平稳发展，但是仍然存在一些矛盾与问题。主要是投资增长过快，信贷投放过多，贸易顺差过大，经济增长由偏快向过热转变的压力进一步增大，由经济增长付出的代价过大。如果仅追求速度，不去转变经济增长方式，调整经济结构，实现又好又快发展，将会付出更大的发展成本。

第三，有利于全面实现小康社会的奋斗目标。党的十七大提出了这一目标，明确要在优化结构、提高效益、降低消耗、保护环境的基础上，提高人民富裕程度，改善人民生活质量，营造良好的生活环境。然而，伴随经济高速发展带来的工业增速，导致高排放、高污染，环境污染正在成为影响社会发展的重要制约因素。因此，要实现小康社会的奋斗目标，必须尽快推进经济发展方式的转变，实现国民经济又好又快发展。

第四，是实现可持续发展的需要。在经济发展日益加快的前提

---

[1] 马凯：《认真贯彻党的十七大精神，促进国民经济又好又快发展》，《求是》2007年第23期。

下，传统的工业化发展道路使得人口、资源、环境等与自然的矛盾日益紧张。在20世纪的100年里，人类创造的物质财富超过了以往历史的总和，但是加速了资源消耗。全球GDP增长了18倍，石油、钢、铜、铝的年消耗量分别增长了170倍、29倍、27倍和3608倍。并且全球范围内有包括我国在内的近85%的人口陆续进入工业化阶段，要完成工业化将会有更多的资源消耗。因此，如果既要满足当代发展的需要，又不对子孙后代的发展造成威胁，就必须转变经济发展方式，走新型工业化道路，实现经济又好又快发展。

2. 实现国民经济又好又快发展的路径解析

当今世界正在发生着广泛又深刻的变化，而当前我国也正发生着广泛又深刻的变革，面对如何迎接挑战，巧用机遇的历史性难题，必须从以下几个方面促进国民经济又好又快发展。

首先，要提高自主创新能力。人类社会正经历从工业社会向信息社会演进。在这种背景下，综合国力的竞争尤其是自主创新能力的竞争愈演愈烈，为此，要坚持走中国特色的自主创新道路。自主创新绝不是以往的简单重复，其首要的特性是创造性，要努力把自主创新应用到现代化建设的各个方面。

一方面，要努力建立以企业为主体、以市场为导向和产学研密切联系的技术创新体系，引导并支持创新要素逐步向企业集中，进而促进科技成果直接向现实生产力的重大转变。为企业可以真正转型为研究开发的主体、技术创新的主体以及创新成果得到充分运用的主体，营造更加良好的环境。鼓励国有大型企业加快研究开发投入，努力打造一批集研究开发、设计、制造于一体，具有国际竞争力的大型骨干企业；重视和发挥民营科技型企业在自主创新、发展高新技术产业中的生力军作用；还要鼓励有条件的企业承担国家研究开发任务，主持或参与重大科技攻关；鼓励产学研相结合、鼓励和支持企业与科研院所、高等院校合作，建立科技研发机构、产业技术联盟等技术创新组织。充分利用国际国内两个市场、两种资源，提高我国自主创新的起点和水平。

另一方面，实施科教兴国战略和人才强国战略。提高自主创新能力必须加强科技竞争，科技竞争的核心是人才竞争。拥有强大自主创新能力的关键，是打造世界一流科学家和科技核心人才，注重培养真正的创新人才。实现这一目标的前提在于教育。所以，要坚持教育优先发展的方针，深化教育体制改革，调整教育结构，为提高自主创新能力提供基础和保证。另外，还要建立健全相应的政策法规。例如，要进一步完善并鼓励科技创新成果产业化的法制保障、政策体系以及激励机制和市场环境等，积极推进知识产权战略等。也要有相应的资金做保障，充分保证对自主创新的投入。

其次，要加快转变经济发展方式。党的十七大报告明确指出："加快转变经济发展方式，推动产业结构优化升级。这是关系国民经济全局的紧迫而重大的战略任务。"[1]"转变经济发展方式"的提法突破了传统的经济建设与发展的理念，是新时期我们党加强经济建设的科学转变，是伴随我国基本国情实际发展而做出的正确的经验总结。这种提法既能突出经济建设与发展中"量"的变化与结构的调整，又可以强调经济运行中"质"的提高。即经济发展除了包含经济增长的内容外，还包括结构的重新组合，经济运行质量的大幅提高、收入分配和环境保护问题的有效和合理解决，城市化发展的程度与情况的科学分析，推动社会主义现代化建设的发展进程等内容。总之，转变经济的发展方式是经济发展的数量型扩张向质量型发展的升华。这一方式是顺应世界发展新潮流的战略选择，也是探索中国特色现代化道路的重要途径。然而要转变经济发展方式还必须努力加快调整并合理推进经济增长方式的三个重要转变。

第一，推动经济增长由最大限度上依赖投资、出口拉动转向依赖消费、投资和出口协调拉动。如果持续投资会不断转化为生产能力和供给能力，而国内消费会滞后于这种产能增长，需要外贸出口

---

[1] 胡锦涛：《高举中国特色社会主义伟大旗帜，为夺取全面建设小康社会新胜利而奋斗——在中国共产党第十七次全国代表大会上的报告》，人民出版社2007年版，第22页。

减轻这种消费压力,长此以往必定加剧扩大外贸顺差和国际收支不平衡,"中国外贸顺差由2001年的225.5亿美元提高到2006年的1775亿美元"①。在现行体制下,外汇储备的迅速增长必然会带动新一轮的投资高增长和生产过剩,最终加大国内通货膨胀。因此,要努力拉动内需特别是要鼓励消费需求,把经济增长建立在居民收入不断提高、内需和消费不断扩大的基础上。

第二,从主要依赖物质资源消耗转变为主要依赖科技的进步、劳动者素质的提高以及创新管理经验。传统型高投入、高消耗、高污染的传统工业化路子使得我国资源能源吃紧、环境承载负担加重。我国已经成为世界上煤炭、钢铁、铁矿石、氧化铝、铜等消耗最大的国家,是世界能源消耗第二大国,同时,生态环境进一步恶化。无论是从能源资源的有限性,还是生态环境的压力来看,都必须转变工业化发展的路子。努力构建科技与经济紧密结合、相互促进的体制机制。

第三,围绕经济结构战略性调整,由产业结构调整滞后向产业结构优化升级转变。随着经济全球化的深入发展,全球经济加快重组,国际产业加快转移,国际产业结构逐步呈现高技术化、服务化、生态化的特征。然而,我国经济发展整体上还处在"要素驱动型"而不是"创新驱动型"阶段,产业结构不合理,资源能源消耗大,劳动力成本投入低,高科技产业少,现代服务业发展滞后。所以,必须加快产业结构优化升级,提升经济整体素质。

第四,要节约能源资源、保护生态环境。为推进国民经济又好又快发展的目标,党的十六届五中全会明确提出了建设资源节约型、环境友好型社会的奋斗目标。党的十七大报告进一步提出了"加强能源资源节约和生态环境保护,增强可持续发展能力"②。要

---

① 王一鸣:《转变经济发展方式的现实意义和实现途径》,《理论视野》2008年第1期。
② 胡锦涛:《高举中国特色社会主义伟大旗帜,为夺取全面建设小康社会新胜利而奋斗——在中国共产党第十七次全国代表大会上的报告》,人民出版社2007年版,第24页。

构建资源节约型、环境友好型社会必须注意以下几点。

一是要建立健全资源节约、环境友好型社会的相关制度。制定和实施绿色国民经济核算体系，从制度上改变唯 GDP 政绩，忽视资源节约、生态环保的症结，积极倡导绿色 GDP。完善有利于节约能源资源和保护生态环境的法律和政策，尤其在立法中要解决与资源环境相关的资源环境产权、政策扶持与激励等问题。同时，注重运用价格、财税、金融等手段促进能源节约和有效利用，建立科学的节能减排指标体系、考核体系、监测体系。另外，还要建立高耗能、高耗水、高污染的旧工艺、旧技术和旧设备的淘汰制度，逐步形成可持续发展的体制机制。

二是要坚持开发与节约并举、节约优先的方针。努力开发并善于推广节约、循环利用技术，努力寻找替代能源和有效治理污染的先进科学技术，并大力发展清洁能源与可再生资源，逐渐提高能源资源利用效率，把节约能源资源工作贯穿于生产、流通、消费各个环节和经济社会发展的各个领域，加快形成节约型生产方式和消费方式。

三是要切实增强全民族的节约意识。在全社会倡导节俭、文明、适度、合理的消费理念，树立强烈的环境忧患意识和责任意识，积极宣传绿色消费等科学现代的消费方式，提高消费质量和效益。同时，积极举办一些环保共建活动，例如，评选和奖励生态模范城市、环保示范区、环境优美乡镇、企业等，逐步形成浓厚的环保氛围。

第五，要努力提高开放型水平。实践证明，我国社会主义现代化建设取得的成就举世瞩目，这与坚持对外开放的基本国策密切相关。在这一过程中，要创新利用外资方式，努力优化外资结构，充分发挥并利用外资在推进自主创新、产业升级以及区域协调发展等方面的重要推动作用；要大力支持条件允许的企业"走出去"，创新对外投资及合作方式，鼓励支持各类企业在研发、生产与销售等方面开展国家化的经营。同时，要注意严格规范"走出去"经营秩序，避免恶性竞争和损害东道国公共利益，强化企业遵守东道国法律和履行社会责任意识；要积极开展国际能源方面的互利合作，尽快实行自由贸易区战略，并进一步加强双边多边经贸合作，采取积极有效措施来促进国际收支平衡，防范国际经济风险，维护国家经济安全。

（三）坚定不移发展社会主义民主政治

随着政治体制改革的不断推进，我国社会主义民主政治建设的重要性也日益显现，对于民主政治方面的建设也提出了新的更高要求。要发展社会主义民主政治，就必须推进社会主义政治制度的不断完善。

1. 发展社会主义民主政治的重要性

早在1979年3月，邓小平在党的理论工作务虚会上就明确提出："没有民主就没有社会主义，就没有社会主义的现代化。"[①] 真实地反映了邓小平对马克思主义民主观、对我国民主政治建设的经验教训和现实民主政治建设需要的科学把握和认识。经过改革开放的伟大实践，党对人民民主同社会主义的关系问题形成了更为深刻及综合的把握。党的十七大报告明确提出要"坚定不移发展社会主义民主政治"，还进一步强调了"人民民主是社会主义的生命"[②]。可以说，这是我们党对马克思列宁主义关于民主政治同社会主义关系这一重点问题的科学认识与把握。

第一，社会主义从本质上来说是民主的，民主是社会主义社会的内在属性与根本要求。社会主义社会的经济基础就是生产资料公有制，生产及生产资料占有的社会化，充分决定了他们一定会在政治上提出拥有相应的民主权利的要求。"充分发扬人民民主，保证

---

① 《邓小平文选》第2卷，人民出版社1994年版，第168页。
② 胡锦涛：《高举中国特色社会主义伟大旗帜，为夺取全面建设小康社会新胜利而奋斗——在中国共产党第十七次全国代表大会上的报告》，人民出版社2007年版，第28页。

全体人民真正享有通过各种有效形式管理国家……享有各项公民权利"[1]，这可以说是社会主义社会优越性的具体表现。

第二，社会主义现代化的重要政治保证是实现民主。在中国要完成社会主义现代化建设这一艰巨的历史任务，在这一过程中，要充分注意"调动积极性是最大的民主"[2]。尤其是在改革开放的前提下，社会主义市场经济体制已经确立并得到重大发展，人民群众认识世界的眼界变得更加开阔，对于民主的关注也空前高涨。因此，对于民主的认识和参与热情也在进一步增长。

第三，民主自身就是社会主义现代化事业建设的重要内容之一。对于中国特色社会主义总体布局的建设来说，大力发展经济建设是总体布局内容的核心，能够为总体布局内部其他各要素的建设提供良好的物质基础与必要前提。同时，社会主义的文化建设也可以为总体布局其他构成要素的组合与发展提供充足的精神动力、智力支持和思想保证。同时，社会主义民主政治建设为经济建设、文化建设和社会建设提供政治保障和支持。

2. 发展社会主义民主政治，推进社会主义政治制度的不断完善

第一，推进社会主义民主政治建设，必须做到坚持并完善人民代表大会制度。这个制度是与人民民主专政相适应的政权组织形式，是人民掌握国家政权、行使权力的载体，是我国的根本政治制度。邓小平曾经指出："在政治体制改革方面有一点可以肯定，就是我们要坚持实行人民代表大会的制度，而不是美国式的三权鼎立制度。"[3] 这个制度"是中国社会主义民主政治最鲜明的特点"[4]，坚持并完善这一基本政治制度，是社会主义民主政治建设框架下的核心内容与关键环节。同时，全体人民群众要学会应用人民代表大

---

[1] 《邓小平文选》第2卷，人民出版社1994年版，第322页。
[2] 《邓小平文选》第3卷，人民出版社1993年版，第242页。
[3] 同上书，第307页。
[4] 中共中央文献研究室：《十六大以来重要文献选编》中，人民出版社2006年版，第230页。

会制度来努力抓住国家与民族的前途和命运，这就是我们国家与人民群众能够经得起各种困难与挑战，并继续围绕中国特色社会主义现代化建设道路勇往直前的有力保证，有利于进一步推进社会主义的民主政治建设。

第二，必须始终坚持并完善中国共产党领导的多党合作与政治协商制度。这个制度是由以毛泽东为代表的党的第一代中央领导集体创立的。1993年3月，党的八届全国人大一次会议明确把它作为一个长期存在与发展的重要制度被载入宪法。2005年2月，我们党又通过了《中共中央关于进一步加强中国共产党领导的多党合作和政治协商制度的意见》的重要决定，这一决定进一步深化了对这一制度的理解和把握，厘清了处于新世纪新阶段我国各民主党派的性质。目前，中国存在多个政党，而中国的执政党是中国共产党，也是无产阶级的先锋队，在中国革命和建设过程中确立了领导地位，党的领导是保证中国政党制度的社会主义性质，推动中国民主政治发展的重要政治保障。而其他民主党派和工商联，也是建设中国特色社会主义事业的重要政治力量。中国共产党和民主党派实行"长期共存、互相监督、肝胆相照、荣辱与共"的方针。要积极营造多党合作与政治协商的民主和谐的政治环境；建立和健全政务公开制度，为多党合作和政治协商提供必要的社会条件；建立具体的法律规范和组织程序，为多党合作与政治协商疏通各种正式或非正式的渠道；还要尽量减少个人意志对多党合作与政治协商的影响等。

第三，必须坚持并逐步完善民族区域自治制度。民族区域自治制度也是我国的一项基本政治制度，这一制度既能积极发挥各少数民族与民族地区建设的创造性与积极性，也可以保障中央与地方必要的集中与祖国的统一。在推进中国特色社会主义政治文明，发展社会主义民主政治时，要坚持和完善这一制度。早在1981年，党的十一届六中全会就明确强调："必须坚持实行民族区域自治，加强民族区域自治的法制建设，保障各少数民族地区根据本地实际情况贯彻执行党和国家政策的自主权。"① 为了贯彻民族区域自治制度，一定要全面贯彻党的宗教工作的基本方针，充分发挥宗教界人士与信教群众在拉动经济社会发展中的积极作用。同时，在民族自治机构的建设方面，必须"加强民族地区的干部队伍建设"②，这是坚持和完善民族区域自治制度的关键。还要大力扶持少数民族聚居区的经济发展，开发特色产业，完善基础设施；增加教育投入，提升居民思想道德素质和科学文化素养；科学引导资源开发和利用，使其发展具有可持续性。

第四，发展社会主义民主政治，必须坚持和完善基层群众自治制度。党的十七大报告首次把基层群众自治制度作为一项重要制度纳入中国特色社会主义基本政治制度的框架中。基层民主这种"草根民主"，"是发展社会主义民主政治的基础性工程"③。有利于进一步实现广大人民群众的自我管理、自我服务、自我教育、自我监督，对干部实行民主监督。

坚持和完善基层群众自治制度，应该注意四个方面的内容。（1）坚持并完善农村村民自治制度，推动社会主义新农村建设。农村村民自治是我国最为广泛的基层民主实践，对于巩固农村基层政权、真正实现当家做主具有重要意义。要坚持完善这一制度，首先，要完善村民委员会直接选举制度，由农民直接投票选举村委会干部管理村务；其次，要进一步规范村民议事制度，凡是与村民利益密切相关的事务，村内要召开村民大会或由村民选出的代表公开讨论；最后，要健全村务公开制度，按时公布村民关注的重大问题，接受群众监督。（2）坚持并完善城市社区居民自治制度，推

---

① 中共中央文献研究室：《三中全会以来重要文献选编》下，人民出版社1982年版，第789页。
② 《江泽民论有中国特色社会主义》专题摘编，中央文献出版社2002年版，第360页。
③ 胡锦涛：《高举中国特色社会主义伟大旗帜，为夺取全面建设小康社会新胜利而奋斗——在中国共产党第十七次全国代表大会上的报告》，人民出版社2007年版，第30页。

动文明祥和的新型社区建设。社区自治是人民民主在城市管理中的具体体现。要进一步落实《城市居民委员会组织法》，加强居民委员会组织机构建设并完善其工作制度；坚持党的群众路线，做好社区管理与服务；完善民主选举、民主决策、民主管理和民主监督。(3) 坚持并完善企事业单位职工代表大会制度。要把这一制度在各类所有制企业中得到切实推广，使广大职工的合法权益得到制度性保障。(4) 坚持并完善群众性社团自治制度，培育公民社会的群众基础，还要充分"发挥社会组织在扩大群众参与、反映群众诉求方面的积极作用，增强社会自治功能"[①]。

(四) 建设社会主义核心价值体系

当前，社会主义核心价值体系建设是社会主义精神文明建设的精髓。党的十六届六中全会的《决定》中明确指出，马克思主义指导思想，中国特色社会主义的共同理想和以爱国主义为核心的民族精神与以改革创新为核心的时代精神，以及社会主义荣辱观，共同构成了社会主义核心价值体系的主要内容。以上四个方面的内容是相互联系、相互促进和相辅相成的有机统一体，共同统一于社会主义先进文化的建设与发展中。而社会主义核心价值体系建设重要命题的提出具有重要理论意义与现实意义。

1. 建设社会主义核心价值体系的必要性和重要性

第一，社会主义核心价值体系是明确社会主义先进文化发展方向的重要保障。在大发展、大变革的时代，国际国内形势的深刻变化使我国意识形态领域面临空前复杂的情况。国际上，经济全球化的趋势进一步发展，各种思想文化相互激荡，不同文明交流、交融、交锋更加频繁，西方发达国家通过其经济、科技优势，企图进行意识形态的渗透，加紧扩张其政治理念和价值观念。所以，我们

---

① 《中国共产党第十七次全国代表大会文件汇编》，人民出版社2007年版，第30页。

必须充分发挥社会主义核心价值体系在维护国家文化安全的"生命线"作用，确保社会主义文化前进的方向。

国内方面，目前中国正处于经济快速发展的关键时期，经济与社会的发展呈现出许多阶段性特征。比如，利益格局的不断调整、社会生活的多样化等，社会意识形态也呈现多元、多变的趋势，一些非马克思主义甚至反马克思主义思潮也随之出现。并且各种价值观念相互交织、相互影响，有些领域道德失范、诚信缺失。因此，只有加强社会主义核心价值体系建设，为社会主义意识形态领域提供重要遵循原则，及时掌握意识形态领域的主动权、主导权、话语权，[1] 才能确保我国社会主义先进文化发展的方向。

第二，社会主义核心价值体系是社会主义社会发展进步的重要精神动力。社会主义核心价值的提出，也标志着党对社会主义制度的认识在价值方面的探索达到新的水平，是推进中国特色社会主义事业发展的精神支柱，在意识形态领域发挥了重要作用。马克思主义哲学认为，意识作为客观存在的主观映象，"具有其独特的功能，具有巨大的能动作用"[2]，"意识可以通过'思维操作'，实现对客观事物超前的、观念的改造，指导并通过实践把理想变成现实，从而改变、创造世界"[3]。如同列宁所说，"人的意识不仅反映客观世界，并且创造客观世界"[4]。社会主义核心价值是社会主义社会在意识形态领域的主观反映，它进一步阐释了社会主义制度建设的内在精神之魂，是社会主义社会建设与发展的精神动力。反映了党对中国特色社会主义本质属性的新认识，能够更加坚定人们走中国特色社会主义建设事业这条道路的信心和信念。所以，构建科学完备的社会主义核心价值体系，必将更好地促进中国社会主义制度的自

---

[1] 参见闫志民《中国特色社会主义理论发展史》，人民出版社2012年版，第540—541页。
[2] 陈先达、杨耕：《马克思主义哲学原理》第3版，人民出版社2010年版，第59页。
[3] 同上。
[4] 《列宁全集》第55卷，人民出版社1990年版，第182页。

我完善和发展。

第三，社会主义核心价值体系是构建和谐社会的必然。核心价值体系建设可以说是社会主义和谐文化的根本，是构建和谐社会的主导价值观。在这一价值体系的指导下，人们的思想观念可以超越民族、语言、地域等的界限，取得全社会广泛又深刻的价值认同，有力地增强社会成员的向心力和安全感，从而促进社会共同体的团结与稳定。同时，和谐文化是追求人与自然协调发展和促进人的全面自由发展的文化。而构建社会主义核心价值体系与这一追求是一致的，因为社会主义核心价值体系作为马克思主义价值观的一部分，追求的就是全面自由发展。马克思恩格斯早在《共产党宣言》中就提出："代替那存在着阶级和阶级对立的资产阶级旧社会的，将是这样一个联合体，在那里，每个人的自由发展是一切人的自由发展的条件。"[1]

综上所述，社会主义核心价值体系是与中国当前社会发展相适应的先进的价值体系，是中国当前社会发展中价值追求和价值取向的主导内容，它的提出是我们党正确运用马克思主义的立场、观点和方法来考察中国社会的进步与发展，来指导社会主义建设的必然结果，因此，在构建社会主义和谐社会的整个过程中，一定要切实推进社会主义核心价值体系的建设。

2. 切实推进社会主义核心价值体系建设

关于推进社会主义核心价值体系建设就要把它贯穿到社会主义文化建设的现实要求中。

首先，就要把社会主义的核心价值体系融入马克思主义理论的研究和建设工程中，积极推出有分量、有影响的研究成果，以提升马克思主义作为指导思想的创造力、说服力以及感召力。要进一步加强对马克思主义经典著作的学习、编译与研究等工作。并能够运用新的理论来指导马克思主义基础学科建设，引导马克思主义中国

---

[1]《马克思恩格斯选集》第1卷，人民出版社1995年版，第294页。

化的繁荣与发展，逐步形成具有时代特征、结构合理、门类齐全等特点的学科研究体系。其次，要把社会主义核心价值体系融入群众性精神文明创建活动中，广泛开展各类精神文明创建活动，加强社会公德、职业道德、家庭美德和个人品德教育，不断提高公民道德素质和社会现代文明程度。同时，要努力提高媒介、舆论的引导能力，加强新闻媒体、互联网等的宣传作用，营造良好的舆论氛围。再次，构建社会主义核心价值体系还要积极吸收人类优秀文明成果。不同国家和民族文化的合理内核往往是相通的，在文化发展上都暗含价值观的内容，都对人类文化的进步做出了应有的贡献，应该学会相互吸收和借鉴。建设社会主义核心价值体系离不开与世界文化的交流与对话，要以发散的思维和博大的胸怀，积极借鉴世界各国的文明成果，博采众长，使其融于我国社会主义核心价值观体系的建设当中。最后，还要将社会主义核心价值体系贯穿到文艺创作的各个方面，把积极的人生追求、高尚的情感境界、健康的生活情趣传递给人民。还要把这一价值体系内化到学生思想政治教育工作中去，切实推动社会主义核心价值体系融入教材、课堂和学生的头脑中。

（五）构建社会主义和谐社会

构建社会主义和谐社会的正式提出，标志着"四位一体"总体布局的正式形成，也标志着总体布局从"三位一体"向"四位一体"格局的演进。

1. 构建社会主义和谐社会提出的重大意义

第一，是对马克思主义关于社会建设理论的新发展。马克思恩格斯在科学分析资本主义的各种弊端及内在矛盾的基础上，深入阐释了社会主义代替资本主义的历史必然性。《共产党宣言》指出："资产阶级的灭亡和无产阶级的胜利是同样不可避免的。"[①]

[①]《马克思恩格斯选集》第 1 卷，人民出版社 1995 年版，第 284 页。

为建设社会主义和谐社会指明了前进的方向。在此基础上，几代中国共产党人在不懈探索中，认识到建设社会主义必须处理和协调好各方面的关系和矛盾，必须高度重视社会的稳定与和谐。"构建社会主义和谐社会"立足于当前中国社会发展的实际和国际形势的深刻变化，把改革力度、发展速度和社会可承受度有机结合起来，进一步注解了马克思主义基本原理关于人类社会发展问题的重大命题，大大丰富发展了马克思主义关于社会建设的思想理论。

第二，是对中国特色社会主义总体布局的新拓展。以毛泽东为核心的党的第一代中央领导集体从社会主义建设的全局与局部、局部与局部之间的关系上阐述了我国社会主义事业建设的总体布局。以邓小平为代表的党的第二代中央领导集体提出了"两手抓"的总体布局。以江泽民为核心的第三代中国共产党人提出了促进社会主义物质文明建设、政治文明建设、精神文明建设的协调发展，并推动人的全面进步与发展的"三位一体"的总体布局。构建社会主义和谐社会战略任务及奋斗目标的明确提出，也标志着社会主义总体布局建设已由经济建设、政治建设、文化建设的"三位一体"发展为涵盖社会建设在内的"四位一体"新格局，是对中国特色社会主义总体布局的新的继承与深化。

第三，是对社会主义本质的新概括。"构建社会主义和谐社会"是对中国特色社会主义本质属性的科学判断，并科学论证了社会主义事业建设进程就是在正确处理各种社会矛盾中不断前进的过程，就是不断消除不和谐因素、增加和谐因素的过程，也是逐渐达到人与自然的和谐、人与社会的和谐、人与人和谐的过程。社会越是和谐就越能体现社会主义的本质属性，就越能发挥社会主义制度的优越性。

2. 构建社会主义和谐社会需要把握的若干问题

第一，构建社会主义和谐社会的重心在于坚持党的领导。"坚持中国共产党的领导，是全国各族人民在长期奋斗实践中深刻认识到的真理。"① 历史实践证明，中国共产党将始终是中国特色社会主义事业的领导核心，而一个政党最基本最主要的功能就是利益的表达与整合。在中国，共产党掌握着公共权力，一定要妥善处理各种社会矛盾，最广泛最充分地调动一切积极因素维护社会和谐与稳定。这就是中国共产党作为执政党的社会整合功能。也是中国共产党进一步巩固其执政地位的重要途径与必经之法。

第二，构建社会主义和谐社会的当务之急是加强社会事业建设。社会和谐在很大程度上决定于社会生产力的发展水平和社会发展的协调性上。当前，中国的社会建设应该加强以下几方面的工作。首先，促进城乡协调发展。要尽快建立有利于改变城乡二元结构的体制机制，加快农村综合改革，调整优化农村经济结构、加快农村基础设施建设、加快农业科技进步和社会事业发展。其次，促进区域协调发展。为解决区域发展不平衡矛盾，要鼓励经济相对发达地区加快其产业结构优化升级与产业转移，同时，建立健全资源开发的有偿使用与补偿的体制机制，对资源面临衰竭和较困难地区进行扶持。再次，注重劳动关系的和谐。要努力扩大劳动就业，要将劳动就业当作带动经济社会稳定发展、经济结构调整的主要目标，更好地去实现经济发展与扩大就业的互动作用。最后，坚持教育优先。要积极坚持贯彻党的教育方针，切实推进科教兴国与人才强国战略，建设现代国民教育体系。同时，还要建立基本医疗卫生制度。深化医疗卫生体制改革，建设覆盖城乡居民的基本卫生医疗制度。② 以上措施对于加强社会事业建设，维护社会稳定都具有重要意义。

总之，"构建社会主义和谐社会"这一重大课题的提出，使得中国特色社会主义总体布局也由"三位一体"向"四位一体"的

---

① 《江泽民论有中国特色社会主义》专题摘编，中央文献出版社2002年版，第569—570页。

② 参见闫志民《中国特色社会主义理论发展史》，人民出版社2012年版，第492页。

格局演变。可以说,"四位一体"的总体布局是科学发展观内在要求和本质内涵的具体体现。它把"构建和谐社会"摆在重点位置,充分体现了以人为本的核心理念,是对中国社会主义初级阶段社会主要矛盾认识的深化,也是应对中国社会转型期变革和发展过程中新问题、新矛盾的理论创新,是解决中国经济社会发展不和谐的必然要求。作为中国特色社会主义理论体系的有机组成部分,"四位一体"的总体布局必然会推进中国特色社会主义从理论到实践的深入发展。

四 "五位一体":总体布局的完善 (2012年至今)

2012年党的十八大把生态文明建设提到社会主义现代化建设总体布局的高度来认识,同时也标志着总体布局已由经济建设、政治建设、文化建设、社会建设的"四位一体"发展到包括生态文明建设在内的"五位一体",这是对社会主义现代化建设规律认识的又一次飞跃,是对中国特色社会主义总体布局的完善。

(一)"五位一体"总体布局的提出

改革开放以来,我国经济在较长时期内保持快速增长,人均GDP由1978年的226美元增加到2013年的6629美元,人民生活正在实现由总体小康向全面小康的历史性跨越。然而经济的快速发展也带来诸多问题:生态环境不断恶化,土地沙化,草原退化,河流的水功能严重失调,特大洪涝灾害频繁;土壤污染,空气污染,持久性有机污染物等污染持续增加。中国已进入污染事故多发期和矛盾凸显期,资源浪费和短缺,环境破坏等已成为制约经济社会可持续发展的瓶颈因素。因此,要贯彻落实科学发展观,全面推进中国特色社会主义事业,必须把生态文明建设放在十分重要的地位。

1995年9月28日,江泽民在党的十四届五中全会上指出:"在现代化建设中,必须把实现可持续发展作为一个重大战略。要把控制人口、节约资源、保护环境放到重要位置,使人口增长与社会生产力发展相适应,使经济建设与资源、环境相协调,实现良性循环。"① 2002年3月10日,江泽民在中央人口资源环境工作座谈会上再次强调:要"按照可持续发展的要求,正确处理经济发展同人口、资源、环境的关系,促进人和自然的协调与和谐,努力开创生产发展、生活富裕、生态良好的文明发展道路"②。可持续发展要求人们注重环境保护,改变传统的生产方式和消费方式,改变旧有的对资源环境的错误观念,构建良好的生态环境,实现经济社会的永续发展。

同时,党的十六大适时提出了走新型工业化的发展道路,扬弃了走"先污染、后治理"的传统工业发展模式,即"坚持以信息化带动工业化,以工业化促进信息化,走出一条科技含量高、经济效益好、资源消耗低、环境污染少、人力资源优势得到充分发挥的新型工业化路子"③。新型工业化道路坚持可持续发展战略,注重节约资源和保护环境,降低资源消耗和环境污染。在这一时期,中国已初步形成了人口、环境、资源和经济可持续发展的思想理论,对于生态文明建设理论的提出具有重要借鉴意义。

党的十六大以来,随着中国工业化和城镇化进程的加快,经济社会发展对能源资源的需求也迅速增加,生态环境承载的压力越来越大。对此,以胡锦涛为核心的党中央以高度的政治远见和责任感极为重视环境保护工作,明确提出了"生态文明"的重要命题。党的十七大报告指出:"建设生态文明,基本形成节约能源资源和保护生态环境的产业结构、增长方式、消费模式。循环经济形成较大规模,可再生能源比重显著上升。主要污染物排放得到有效控制,

---

① 《江泽民文选》第1卷,人民出版社2006年版,第463页。
② 《江泽民文选》第3卷,人民出版社2006年版,第462页。
③ 同上书,第545页。

生态环境质量明显改善。生态文明观念在全社会牢固树立。"① 生态文明建设是中国特色社会主义事业建设的重要战略之一，也是关系国家发展和民族意愿的大计。

2012年11月，党的十八大报告以独立篇章完整阐述了加强生态文明建设的问题，指出："必须树立尊重自然、顺应自然、保护自然的生态文明理念，把生态文明建设放在突出地位，融入经济建设、政治建设、文化建设、社会建设各方面和全过程，努力建设美丽中国，实现中华民族永续发展。"② 至此，生态文明建设成为中国特色社会主义事业总体布局的重要组成部分，标志着"五位一体"总体布局的正式提出。

（二）加快转变经济发展方式必须有效推进城镇化建设

较以往不同，在经济建设方面，我们党在继承前期"实现经济又好又快发展"目标任务和取得重要成就的基础上，对于经济建设问题又有了新发展与新突破。是党总揽全局能力和科学驾驭现实本领再一次提升的具体体现。目前我国正处于工业化和城镇化快速发展阶段，城镇化建设将是中国未来若干年内经济发展的重要动力。在"五位一体"总体布局中，推进城镇化将是其经济建设的重点问题。

1. 推进城镇化建设的重要性

城镇化是生产力发展到一定阶段的产物，也是工业化发展的产物，是逐步实现经济发展、政治民主、人民生活改善、科技创新、信息发达的阶段性目标和可操作性手段。具体说来，城镇化以乡镇企业和小城镇为依托，以逐步实现农村人口由第一产业向二、三产业的转换为目的，居住地由农村区域向城镇区域（主要为农村小城

---

① 《深入学习实践科学发展观活动领导干部学习文件选编》，中央文献出版社、党建读物出版社2008年版，第304页。
② 胡锦涛：《坚定不移沿着中国特色社会主义道路前进，为全面建成小康社会而奋斗》，人民出版社2012年版，第39页。

镇）的迁移聚集过程。包含经济、社会、人口、地理等要素的提升和优化，它以人口、产业、农业用地的非农业化为特征，追求生产方式、交换方式和生活方式的规模化、集约化、市场化和社会化等，最终引起各种社会体制机制的完善和人民物质文化生活的改善。

中国特色城镇化是一条与新型工业化良性互动，与农业现代化相互协调，与信息化相互依存，以推进农业转移人口市民化、提高城镇建设用地利用率、建立多元可持续的资金保障机制、优化城镇化布局和形态、提高城镇建设水平和加强城镇化管理为手段，以实现生态良好、人与自然和谐统一，人与历史的文化传承和人的城镇化为本质追求的优质、互动的城镇化。以当前国情为基本立足点，既不同于别国，也不同于中国过去，是一种新型的城镇化。来自美国的著名经济学家斯蒂格利茨曾经预言，中国的城市化将会成为以后世界经济发展的重要影响因素。根据有关统计，中国的城镇化率只要提高1%，就能够拉动当年国内生产总值上升1%—2%。因此，城镇化已经成为拉动经济增长的关键性因素。城镇化是促进城乡、区域协调发展的根本途径。加快农村剩余劳动力向城镇地区转移，提高中国城市化率，是中国全面进入小康社会的必然之路。要加快转变经济发展方式，必须推进城镇化建设。

2. 中国特色城镇化建设的基本经验

第一，中国特色城镇化建设必须与工业化、信息化、农业现代化协同发展。中国特色城镇化与新型工业化、信息化、农业现代化之间是相互联系的有机统一体。新型工业化为各种发展提供最新技术，提高居民生活质量，创造高水平的就业岗位，有效缓解大、中城市的城市病；城镇化、农业现代化、信息化又为新型工业化提供必需的人口、消费市场、专业技术人员、信息等物质生产资料和生产要素支持；农业现代化提供了城镇化发展的物质保障，城镇化为农业现代化带来的盈余人口提供就业岗位和生活空间；信息化的发展缩小了城乡之间、各大产业之间的空间距离，加速了信息、资源、技术、资金、劳动力等在其中的共享与融通，有效推动了四化的同步发展、城乡一体发展和区域协调发展的协同性。

第二，中国特色城镇化建设需要政府的支持与引导。中国特色城镇化建设有利于解决由传统计划经济体制下优先发展重工业和城市所造成的生态恶化、资源浪费、文化破坏等问题。尤其对城乡二元结构、城乡分割等问题的缓解甚至解决发挥了重要作用。同时，从各发达国家城市化建设与发展的经验来看，城镇化率达到50%时是政策调节的最佳切入点。而当前我国的城镇化率已超过50%，政府的支持与政策引导成为城镇化建设的必经之路。

第三，中国的城镇化建设一定要符合城镇化发展的自身规律。城镇化是伴随工业化发展到一定历史阶段的必然产物，也会受到一定生产力发展水平和客观发展条件的制约，每种城镇化的路径模式都有其产生、发展的自身特点和规律，中国特色城镇化道路也是如此，还体现着现代生产力和信息时代的特征。任何无视规律的"急性病""冒进情绪""跨越发展"和"忽视发展"都是不可取的。

3. 中国特色城镇化建设的有效路径

第一，加快中国特色城镇化建设必须推进城乡一体化。长期以来，以城乡分割的二元户籍制度为核心，形成了二元就业制度、二元收入分配制度、二元教育制度、二元福利保障制度、二元公共事业投入制度等，维系并强化着中国特殊的二元社会结构，进一步固化着二元经济结构，大大影响了城乡一体化的进程。从根本上推进城乡一体化需要打破城乡二元结构的制度壁垒。一是要破除城乡分割的户籍管理制度。户籍只是证明公民身份和国家统计人口的工具，不是衡量城乡居民的标准，也不是人们迁徙、流动的阻碍。二是改革城乡间不平等的教育制度。科学配置城乡教育资源，包括基础设施、教育教学优质资源的转移等。帮助农村提高教育质量和水平。三是推进城乡市场一体化。建立城乡之间物流畅通的统一市场，包括资金、技术、劳动力、信息等的流通和转换等，使其公正公平地在市场机制下配置流动，推动城乡市场一体化。四是完善农村土地承包制度。给予农民完整的土地承包权利，调动农民流转土地的积极性；寻找适合土地规模经营的组织形式，让农民在规模化经营中获益；完善土地征用程序和补偿机制，充分保护好耕地资源。五是建立城乡统一的社会保障制度。加快农村社会养老保险、失业保险的制度建设，提高农村养老、医疗、失业保险的有效性，建立城乡最低生活保障制度，将城乡统一真正纳入社会保障体系，扩大社会保障覆盖面。

第二，要正确处理城市与小城镇协调发展的关系。中国农村情况复杂特殊，同一区域不同城镇差异都十分明显。必须坚持具体问题具体分析，"因地制宜，分层推进"。虽然城市在工业化、城市化发展的过程中产生很多"城市问题""城市疾病"等，但也要看到城市在资金、技术、人才、基础设施、社会保障等方面长期积累起来的先进性和发达性，要充分利用这些优势对弱势区域尤其是小城镇的示范效应和吸引效应，最终拉动弱势区域或小城镇的发展。小城镇的发展，一是为农村剩余劳动力转移提供新的空间和方向；二是有利于我国城市化进一步发展；三是能够促进农村二、三产业健康发展；四是有利于促进城乡交流，冲破城乡壁垒，推进城乡一体化进程，也要充分发挥城市对小城镇以及农村的辐射带动作用。同时，小城镇也要加快劳动密集型加工工业和服务业的发展，有效吸纳农村过多的劳动力。推动农业产业化发展，提高农业生产率，有效增加农民收入。另外，还要以新农村建设为依托，逐步改善广大农村地区的生产和生活环境。

第三，要科学协调政府与市场的关系。城乡一体化是在市场经济体制下进行的，但它不是单纯的经济性实践活动，而是一种关系到政治建设、经济建设、社会建设、生态文明建设等若干方面的全面性实践活动，在建设过程中，应该适当发挥政府与市场两者的调控作用。辩证地认识政府与市场的作用，既发挥市场对资源的配置作用，又重视政府的宏观调控作用，把二者的积极作用充分结合起来。处理好政府与市场的关系必须加快转变政府职能：一是政府要为城乡一体化发展提供稳定、健康的运行环境,掌握好维稳的"度",不能借此干扰和影响城乡经济的正常运行;二是政府要统筹城乡发展,科学制定城乡一体化发展的规划,打破计划经济时期形成的城乡分治、部门歧视的制度性障碍,促进资本、技术、人才、经营管理、信息等生产要素在城乡间灵活流动,实现市场配置资源;三是政府要灵活运用财政、税收、金融等宏观调控手段,建立起有效的宏观调控的长效机制,确保城乡一体化目标的实现;四是政府要及时纠正市场失灵,为农村公共产品提供有效供给。

(三) 积极稳妥地推进政治体制改革

当前,随着社会主义市场经济与各项事业的不断推进,也迫切要求改革政治体制中存在的矛盾与问题。党的十八大报告指出:"必须继续积极稳妥推进政治体制改革,发展更加广泛、更加充分、更加健全的人民民主。"[1] 同时,党的十八届三中全会、四中全会就政治体制改革也提出了相应的要求。

1. 民主政治建设的矛盾与问题

长期以来,中国共产党始终把政治体制改革摆在改革发展全局的重要地位,并取得了重大成就,比如,改革和完善党和国家的领导制度,废除实际存在的领导干部职务终身制;改革和调整权力过分集中、党政不分、政企不分的领导体制,推进行政体制、司法体制、企事业单位体制和相关机制改革;建立健全权力运行制约和监督体制机制,形成惩治和预防腐败体系等。但是,中国在政治体制改革,加强民主政治建设上仍然存在矛盾与问题。

第一,中国民主政治建设的既有基础比较薄弱。马克思、恩格斯最初设想的未来社会是在资本主义发达国家的基础上建立起来的,这种社会不仅物质生产力发达,而且政治文明程度也很高,然

---

[1] 胡锦涛:《坚定不移沿着中国特色社会主义道路前进,为全面建成小康社会而奋斗——在中国共产党第十八次全国代表大会上的报告》,人民出版社2012年版,第25页。

而现实社会主义的实践并非如此。中国的社会主义社会是在生产力极不发达、经济文化十分落后的半殖民地半封建社会的基础上建立起来。由于没有经过资本主义的充分发展，中国社会主义建设各个方面的基础都比较薄弱，民主政治建设也是如此。正是由于民主基础薄弱，尽管我国民主政治建设已取得重要进步，但与高度发展的社会主义民主仍有较大差距。

第二，建设社会主义民主政治没有现成的经验可以借鉴。建设比资本主义民主更高的社会主义民主，是马克思主义者的奋斗目标。由于社会主义社会的历史不长，民主政治建设没有现成的经验可资借鉴，关于如何在中国建设社会主义民主政治，只能在实践中摸索。这个过程必定是长期的、艰巨的，其间出现失误也难以避免。虽然我们已经走上了中国特色社会主义民主政治发展道路，但还需要进一步完善和发展，这将是一个长期的过程。

第三，中国的民主政治建设承载着较为沉重的历史包袱。中国有着两千多年的封建专制社会历史，有一百多年半殖民地半封建社会的历史。这种历史传统对社会主义民主政治建设产生了深刻的影响。在民主政治建设过程中，这些历史的传统或多或少对其产生阻碍作用，并且这种情况不可能在短期内消除。

第四，当前中国民主政治建设面临诸多新情况、新难题。改革开放以来，中国经济社会快速发展，中国用几十年时间走完了西方资本主义国家几百年所走过的工业化历程。目前，中国工业化、信息化、城镇化、国际化等同时推进，经济体制深刻变革、社会结构深刻变动、利益格局深刻调整、思想观念深刻变化，发展中的各种新问题、新矛盾相互交织，这些都是西方国家在民主政治建设中所不曾遇到过的。因此，要充分认识中国社会主义民主政治建设的艰巨性，积极稳妥地向前推进。

2. 进一步深化政治体制改革的现实途径

经过长期摸索与努力，中国政治体制上的许多弊病已得到了不同程度的改革，社会主义民主得到不断发展，党和国家活力不断增强，人民的积极性也不断提高。但是，我国政治体制上的很多弊端仍未从根本上得到消除，必须进一步深化政治体制改革。党的十八大报告强调："必须以更大的政治勇气和智慧，不失时机深化重要领域改革。"[①] 根据这一思想的指导，在新形势下中国政治体制改革的主要任务体现在以下几个方面。

第一，加强并完善人民代表大会制度建设。人民代表大会制度是保证人民当家做主的根本政治制度。完善人民代表大会制度，必须坚持中国特色社会主义政治发展道路，不断支持和保证人民通过人民代表大会行使国家权力。一是推进科学立法、民主立法。加强和改进立法工作，完善中国特色社会主义法律体系，提高立法质量；加强法律的针对性、及时性、系统性，确保充分发挥立法的引领与推动作用。二是加强对"一府两院"的监督。进一步健全宪法实施监督机制和程序，健全"一府两院"由人大产生、对人大负责、受人大监督制度，健全人大讨论、决定重大事项制度，加强人大预算决算审查监督、国有资产监督职能；完善人大监督工作机制和方式方法，通过询问、质询、特定问题调查、备案审查等积极回应社会关切。三是充分发挥人大代表的作用。要完善代表联系群众制度，通过建立健全代表联络机构、网络平台等形式密切代表同人民群众联系；支持和保证代表依法执行职务，充分了解、掌握和反映人民群众的意见和建议；加强代表议案和代表建议办理工作，把办理代表议案与立法、监督工作有效结合起来等。切实提高代表依法履职的能力。

第二，健全社会主义协商民主制度。党的十八大提出"健全社会主义协商民主制度"，这是党长期实践经验的总结，也是社会主义民主政治的理论创新和制度创新。"协商民主是我国社会主义民主政治的特有形式和独特优势，是党的群众路线在政治领域的重要

[①] 胡锦涛：《坚定不移沿着中国特色社会主义道路前进　为全面建成小康社会而奋斗——在中国共产党第十八次全国代表大会上的报告》，人民出版社2012年版，第18页。

体现。"① 当前推进协商民主的主要目标和任务有：一是要拓宽国家机关的协商渠道。实行立法协商，建立立法论证、听证、评估制度，公布法律法规草案征求社会各方面意见。在政府工作中要实行社会公示、听证、专家咨询以及重大决策前与社会各界充分协商等制度。二是发挥统一战线在协商民主中的重要作用。中华人民共和国成立以来，在实践中已形成两种基本形式，一种是中国共产党同各民主党派之间的政治协商，这种协商类型属于政党性质的政治协商；而另一种则是非政党性质的协商，是我们党同各民主党派以及社会各个领域与阶层的代表人士之间的协商，这种协商范围较大。三是要积极开展基层民主协商。协商贯穿于基层选举、决策、管理和监督各方面，建立政府和网民的对话协商制度和引导网民理性讨论制度等，促进网络协商民主的良性发展。

第三，完善基层民主自治制度。要鼓励支持在城乡社区治理、基层公共事务与公益事业中实现人民群众的自我管理、自我教育和自我服务，这是中国人民群众依法直接行使其民主权利的重要途径，也是发展社会主义民主的基础性工程。根据党的十八大的要求，要健全由基层党组织领导并充满生机与活力的基层群众自治制度，扩大人民有序地政治参与，深入推进信息公开制度，并要进一步保障群众享有更多、更切实的民主权利。要建立健全以职工代表大会为主要表现形式的企事业单位中的民主管理机制，并充分有效发挥基层各类组织和团体的协同作用，保证有效实现政府管理及基层民主的有机统一。

第四，深化行政体制改革。"要按照建立中国特色社会主义行政体制目标，深入推进政企分开、政资分开、政事分开、政社分开，建设职能科学、结构优化、廉洁高效、人民满意的服务型政府。"②

---

① 《中共中央关于全面深化改革若干重大问题的决定：辅导读本》，人民出版社2013年版，第29页。

② 本书编写组：《十八大报告辅导读本》，人民出版社2012年版，第28页。

首先，加快转变政府职能，继续简政放权。一要深化行政审批制度改革，继续简政放权，遵循市场经济规律，切实减少政府对微观经济活动的干预，充分发挥市场在资源配置中的决定性作用；二要进一步加强和改进市场监管，不断完善市场体系，创造良好市场环境，维护公平竞争的市场秩序；三要更加注重社会层面的公共管理行为与公共服务意识，营造既有活力又有秩序的社会环境，切实关注并更好地提升社会的公平与正义。

其次，进一步健全部门职责体系，有效推动部门大部制改革。党的十七大首次提出实行"大部制"改革的要求，十八大进一步重申要实行"大部制"改革。推进大部制改革，要对职能相近、管理分散的机构进行合并，对职责交叉重复、相互扯皮、长期难以协调解决的机构进行合并调整，以利于权责统一、提高整体效能。要科学划分、合理界定政府各部门职能。还要进一步理顺部门关系，健全部门间的协调与配合机制。

最后，明晰中央与地方政府的职能与责任，健全中央和地方财力与事权相匹配的体制。科学界定和明确省以下不同层级地方政府职能与权责关系，充分发挥地方各级政府的积极性；简化行政管理层级，适时适度地调整行政区规模和管理幅度；深化乡镇行政体制改革，特别是对于经济总量较大、吸纳人口较多的县城和小城镇，可以赋予其与经济总量和管理人口规模相适应的经济管理权限。

第五，要健全权力运行制约和监督体系。党的十八大报告强调，要确保部门的决策权、执行权与监督权相互配合、相互扶持。加强对权力的制约和监督，必须加强对决策权的制约和监督；要充分提高政务活动的透明度，大力推进党务公开、政务公开、村务公开和公共事业单位办事制度公开，完善权力公开机制，提高权力运行的透明度和公信力；要健全监督体系，加强党内监督，落实党内监督条例，重点加强对领导干部特别是主要领导干部的监督，建立健全质询制、问责制以及引咎辞职制度和罢免、经济审计责任制等制度；同时，建立并进一步优化民主党派相关监督制度，拓宽民主监督渠道；完善宪法和法律监督制度，确保国家宪法和法律的贯彻实施；要加强和改进舆论监督，加快舆论监督的法治建设，建立健全舆论监督引导机制、纠错机制、反馈机制，提高舆论监督的针对性和实效性。

（四）提高文化软实力，建设社会主义文化强国

文化是一个民族的血脉，体现着一个民族最深层次的精神积淀。当前，在社会主义总体布局的建设与发展中，对于文化建设提出了更高要求，这就是要进一步提高国家文化软实力，建设社会主义文化强国。党的十七届六中全会提出了"建设社会主义文化强国"的历史任务和战略目标。党的十八大在科学把握当今文化发展趋势和中国文化发展方位的前提下，从坚持和发展中国特色社会主义的政治高度和宽广视野出发，明确提出了加强文化建设、提高文化软实力的重要性和紧迫性，深刻阐述了建设社会主义文化强国的基本要求。提高中华文化软实力，发挥文化的引领和教育功能，必须扎实推进社会主义文化强国建设。

1. 提高文化软实力，建设社会主义文化强国的重要性和必要性

当今世界正处在大发展大变革大调整时期，世界多极化、经济全球化深入发展，科学技术日新月异，各种思想文化交流、交融、交锋更加频繁，文化在综合国力竞争中的地位和作用更加凸显。增强国家文化软实力，建设社会主义文化强国的要求也更加紧迫。

第一，它是抵制文化霸权、维护国家文化安全的客观要求。文化安全是国家安全和民族发展的重要前提，也是一个国家和民族兴旺发达、实现强盛的基础。目前，在经济全球化和信息网络化快速发展的时代背景下，一些西方发达国家利用其经济、科技和军事上的优势，大力推行文化霸权主义和文化殖民政策，强行输出其意识形态、价值观念和生活方式，大搞文化渗透、文化侵蚀和文化侵略，对一些发展中国家和弱小国家的国家文化安全乃至整个国家安全造成了极大的威胁。比如，一些西方国家打着所谓"普世价值"

的幌子，对中国进行指责、诋毁、打压和围堵，先后抛出了"中国崩溃论""中国分裂论""中国威胁论""中国责任论"等一系列谬论，使中国面临着前所未有的文化安全危机。中国要有效抵制文化霸权，维护国家文化安全，就必须在大力发展经济、科技、军事力量的同时，积极应对文化安全挑战，进一步提高中华文化软实力，建设社会主义文化强国。

第二，它能够不断地满足人民群众日益增长的物质文化需求，促进人的全面发展。人民群众的需求，其中最重要的一点就是人民群众日益增长的精神文化需要。当前我国广大人民群众的文化需要主要体现在：文化需求的总量呈现出较大幅度的增长；社会文化产品和文化服务质量有了更高的要求；文化消费更加多样化和市场化；不同文化相互交往的要求和程度日益加深。为此，把文化的繁荣发展作为中心，以优秀的文化产品和文化服务提高人民群众的生活质量和发展能力，用文化陶冶人、激励人、慰藉人，增强人内心世界的丰富感，营造人民群众精神上的安宁感和幸福感，从而激发人民群众的创造力。同时，人的全面发展的水平是衡量一个国家、一个民族文化先进性的重要尺度，文化是人的创造物，人是文化发展的产物，人的全面发展在本质上属于文化范畴。衡量一个国家、一个地区的文化发展水平，文明程度的普及，就是看是否提升了人的全面发展的水平。提高国家文化软实力，建设社会主义文化强国对人的发展发挥着极大的促进作用，不仅适应经济建设的需求，具有功利性、工具性的价值，而且具有极为重要的、内在的精神价值，还具有改善人民群众精神生活面貌，促进人的精神发展以及人的全面发展的重要作用。

第三，它有利于成功打造国家文化形象。提高文化软实力，建设社会主义文化强国能够有效继承传统文化，突出中国特色和现代元素。塑造国家文化形象最重要的是有自己的特色，中华传统文化本身就有其特色，本身就具有深厚实力。这样更有利于借助一切文化形式和现代传播手段，不断为中国文化形象注入更多现代性的、积极性的文化元素，创造更多体现中国特色、富于时代感的文化标志、符号和品牌，在不断创新和超越中实现中华文化形象的现代重构，让世界达成一种共识即中国既是传统意义上的文明古国，也是现代意义上的文化大国。同时，还有利于发展和壮大文化产业，占据文化发展的制高点。文化产业既是社会化大生产和文化生产力发展的成就，也是各行各业文化资源充分利用的结果。文化产品的文化底蕴和科技含量的高低，同国家经济、政治、外交和科技实力成正比，显示着一个国家文化生产力发达的程度。发展文化产业不仅是满足经济文化发展的需要，也是对新型战略资源及全球市场的掌握，更是新一轮国家文化权益的保卫战。所以，对于一个国家来说，大力提高本国的文化软实力，对于建设社会主义文化强国是十分重要和必要的。

2. 全面推进社会主义文化建设，增强民族文化创造活力

党的十八大报告指出："文化是民族的血脉，是人民的精神家园。全面建成小康社会，实现中华民族伟大复兴，必须推动社会主义文化大发展大繁荣，兴起社会主义文化建设新高潮，提高国家文化软实力，发挥文化引领风尚、教育人民、服务社会、推动发展的作用。"[1] 然而，当前中国的文化发展同经济发展和人民日益增长的精神文化需求还不完全适应，束缚文化生产力发展的体制机制问题尚未根本解决，文化在引领风尚、教育人民、服务社会、推动发展共识的作用还未得到充分发挥，中国文化整体实力和国际影响力与中国的国际地位还不相称，"西强我弱"的国际文化和舆论格局尚未根本扭转。因此，必须大力提升我国文化软实力，努力建设文化强国。

第一，积极进行社会主义核心价值体系的宣传与教育。新时期，中国共产党对社会主义信念的科学总结就是必须合理构建社会

---

[1] 胡锦涛：《坚定不移沿着中国特色社会主义道路前进，为全面建成小康社会而奋斗——在中国共产党第十八次全国代表大会上的报告》，人民出版社2012年版，第30页。

主义的核心价值体系,"社会主义核心价值体系是社会主义意识形态的本质体现"①。在进一步宣传社会主义核心价值体系的整个过程中,要处理好经济、政治、文化、社会和生态等各个环节之间的关系;注重思想道德教育的重点在于实施思想政治教育,并将教育内容与中国国情相结合;要注重教育对象的层次化,不同阶层要采取不同的教育方式。

第二,弘扬优秀民族文化,吸收外国优秀文明成果。中国是世界文明古国之一,其文化传统源远流长。把祖国传统文化作为一种重要的基础性资源,纳入提升文化软实力的战略布局,对于构建中华民族的现代精神支柱具有重要意义。在弘扬民族文化时要抱有理性的态度,正确认识民族文化的有限性。要知道民族文化是政治、经济、社会的集中反映。坚决抵制封建思想和等级观念。同时,中国的发展离不开世界,中国必须同世界接轨,积极吸收国外的一些优秀文明成果,吸收借鉴一切有利于建设中国特色社会主义文化事业和文化产业的理念和机制。最后,还要注意抵御国外腐朽文化的入侵,做到有所用、有所弃。

第三,推进我国文化体制的改革与创新,进一步壮大我们的文化软实力。我们国家的文化体制改革要与时俱进,要紧跟国内国外文化发展趋势。世界文化发展日新月异,如果不能和世界接轨,文化体制改革也就无从谈起。在不同发展时期,对于文化体制要有不同的要求。文化体制改革必须符合"古为今用,洋为中用"和"百花齐放、百家争鸣"的要求,既要具有世界眼光,又要弘扬民族文化。同时,还要加强文化创新、促进文化生产力的解放与发展,进一步增强我国文化的软实力。另外,还要注重发展文化生产力。只有这样中国才能在世界上提高文化竞争力,文化消费才会进一步上升。

---

① 中共中央文献研究室:《十七大以来重要文献选编》上,中央文献出版社2009年版,第26页。

第四，建立健全文化法制，完善文化政策。中国的文化立法存在着体系不够完备、立法内容滞后、立法层次低等特点。中国特色社会主义文化能否健康良好的发展，建立健全文化法制至关重要。在文化立法上，要符合国家和人民群众思想意识形态的客观要求，也要符合社会主义核心价值体系文化观的思想内核，并且还要高举马克思列宁主义的思想理论旗帜，这是文化立法的重要防线。要建立健全文化发展基本法，做到有法可依，是中国文化立法的当务之急。在立法的步骤上，要保证文化立法的结构性和严密性。完善文化基本法就是要制定与市场和国家政策相符合的各项单行文化法规，并做到一脉相承又有所发展，制定出层次分明、功能齐全并适合中国国情的文化产业法律框架体系，从而加强法律的结构性和严密性。

（五）加强以保障和改善民生为重点的社会建设

当前，进一步保障和改善民生，加强和创新社会管理得到社会的广泛认同。其最终目的是维护社会秩序、促进社会和谐，并不断实现好、维护好并且还要发展好广大人民群众最根本的利益需求。社会主义的社会建设与民生问题息息相关，坚持以保障和改善民生为核心内容，并妥善处理好人民群众最为关心最为现实的切身利益问题，是当前社会建设的重要内容。也是完善中国特色社会主义总体布局的必然要求。

1. 社会矛盾凸显的原因

当前，中国正处于市场化趋向的社会转型过程，各种社会矛盾比较突出，主要原因有以下几个方面。

第一，社会建设和管理的滞后性。改革开放以来，中国一直在实施经济发展的赶超战略，目的是尽快缩小与世界发达国家的巨大差距。经济建设必然成为党的一切工作的中心。优先发展经济，暂缓中国社会建设和管理是不得已的选择。因此，社会结构不合理、利益格局不平衡，社会矛盾等问题日益凸显。同时，随着人们的社会生活发生了质的变化，物质和文化的需要逐渐呈现多元化，社会需要及时更新管理和服务系统。然而，与其相适应的社会管理和服务体制没能及时建立起来，社会安全保障系统滞后，导致在较长时间内对社会群体的管控力下降，群众正常生活秩序得不到有效保障，社会治安治理难度增大。

第二，部分心理失衡群众的利益诉求生成社会问题。从改革红利的分享来看，由于利益格局深度重组，在改革摸索过程中我国区域发展机遇不同，初次分配失衡，劳动所得不均，税制不健全，城乡二元结构等诸多原因导致收入差距拉大。部分群众心理失衡，指责社会不公平，生成社会问题、民生问题。这是中国社会转型期出现的问题，属于人民内部矛盾，也是中国特色社会主义主要矛盾的具体表现。

第三，新制度和体制的出台不及时。对阻碍生产力发展和社会进步的旧制度和体制进行改革是必然的。同时新的制度和体制需要实践的检验。改革过程中旧的社会保障制度或进行局部变动或完全撤除，新的社会保障体制不能够及时出台，出现制度的"真空或半真空状态"。部分困难群体受到强大的冲击力，在无法消化这种冲击和压力的前提下必然产生社会矛盾。

第四，市场经济的不良影响。当前，中国已经基本建成社会主义市场经济体制，经济建设的发展不仅给中国社会带来一场新的经济革命，而且给人们的价值观也带来了巨大挑战，市场经济的负面作用逐步呈现，一些封建迷信、腐朽没落的东西会在一定范围内对人们的思想产生这样那样的影响。社会的变革引起思想文化领域的价值偏离，比如，信仰迷茫、道德滑坡等。传统价值观受到冲击，导致行为失范、社会失序。个人主义、金钱至上等西方自由市场的价值观在社会上残留等。这些市场经济带来的负面影响是社会不稳定的潜在因素。

2. 社会矛盾凸显的表现

当前，随着我国经济的不断发展，各种利益关系不断调整，社会矛盾也在不断滋生。从社会转型方面看民生问题，一是民生标准不能简单地以人的生理需要来衡量，而是要从社会文明发展的角度来考虑。民众对民生的不满，更多的是来自相对比较之后的贫困感和剥夺感。二是人们的利益诉求形式愈发激烈。贵州的瓮安事件、湖北的石首事件等均以泄愤性群体形式出现，人们信"访"不信"法"。三是利益诉求层次在升级，导致矛盾激化。劳动者要求自身的利益要与企业的利益同步增长，很多矛盾均因此而生。

从社会存在的具体矛盾来看：一种是社会运行过程中出现的各种已经或可能构成现实风险的矛盾，具体包括劳资矛盾、流动人口带来的矛盾、征地拆迁引发的矛盾、历史遗留问题引发的矛盾、社会问题引发的矛盾等；另一种是社会发展和建设基本层面的问题，如社会与国家的关系问题，社会自治组织的培育问题，城市化的利与弊问题，公民权利问题等。此外，城乡发展不平衡、不协调，也是我国经济社会发展存在的突出矛盾。因此，党的十八届三中全会提出："必须健全体制机制，形成以工促农、以城带乡、工农互惠、城乡一体的新型工农城乡关系，让广大农民平等参与现代化进程、共同分享现代化成果。"①

3. 保障和改善民生为重点的社会建设的途径

党的十八大报告指出："公平正义是中国特色社会主义的内在要求。"要逐步建立权利公平、机会公平以及规则公平为基本内容的社会公平保障机制，尽力打造并提升社会环境的公平性。"在学有所教、劳有所得、病有所医、老有所养、住有所居上持续取得新进展，努力让人民过上更好生活。"② 十八届三中全会进一步提出，要实现社会公平正义，"解决好人民最关心最直接最现实的利益问

---

① 《中共中央关于全面深化改革若干重大问题的决定》，《人民日报》2013年11月13日第1版。
② 胡锦涛：《坚定不移沿着中国特色社会主义道路前进，为全面建成小康社会而奋斗——在中国共产党第十八次全国代表大会上的报告》，人民出版社2012年版，第14页。

题，更好满足人民需求"①。

第一，优先发展教育，建设人力资源强国。大力发展教育是实现中华民族振兴与促进社会进步的重要推动力量，教育公平是实现社会公平的重要基础和有力保障，发展教育有利于把我国巨大的人口压力转变成强大的人力资源优势。但是，目前我国的教育工作还存在不少问题，学生创新精神、实践能力还不足，办学活力还不够，教育与经济社会发展的联系还不紧，国际竞争能力还不强等②。因此，还要继续促进教育事业均衡发展。优化现代教育结构。促进教育事业的均衡发展，快速普及高中阶段的教育，努力提升高等教育的质量与水平，还要重视并支持学前教育与特殊教育，推动形成各级各类教育能够全面协调并得到最佳发展的良性格局。进一步推进教育改革创新。改革人才的培养模式，进一步深化教学内容改革，改革教育质量评估制度等。另外，坚持教育公益性质。加大财政对教育的投入，健全公共财政投入和保障机制，为全体国民提供接受良好教育的机会和条件。

第二，实施积极的就业政策，努力扩大就业。就业关系到经济升级、民生改善和社会稳定，是最大的民生问题。中国就业的总量压力较大，结构性矛盾突出。要坚持推进积极的就业政策，大力引导劳动者实现自主择业，规范市场调节就业，政府要努力扩大就业渠道。要实现发展经济同促进就业的互动，注意促进劳动密集型产业的发展，尤其是关注一些服务业与各类中小企业的发展，还要在鼓励、支持并引导非公有制经济发展的同时，进一步推进中小城镇包括县域经济的繁荣发展。积极鼓励和保护当下自主创业的行为，建立健全相对统一和规范的人力资源市场，建立健全能够覆盖城乡就业的服务体系，要进一步规范企业行为，完善并落实国家对农民

---

① 《中共中央关于全面深化改革若干重大问题的决定》，《人民日报》2013年11月13日第1版。
② 袁贵仁：《深化教育领域综合改革 加快推进教育治理体系和治理能力现代化》，《中国教育报》2014年1月16日。

工的政策。完善就业上的援助制度，比如，对零就业家庭提供就业信息引导和帮助等。还要努力做好广大高校毕业生的就业工作，鼓励并引导大学生积极到基层就业。

第三，建立基本医疗卫生制度，提高全民健康水平。医改事关民生福祉，也是民心所向。要推动医改向纵深发展，巩固全民基本医保，通过改革整合城乡居民基本医疗保险制度。要完善政府、单位和个人合理分担的基本医疗保险筹资机制，提高城乡居民基本医保财政补助，在全国推行城乡居民大病保险；加强城乡医疗救助、疾病应急救助，扩大县级公立医院综合改革试点和城市公立医院综合改革试点，理顺医药价格，创新社会资本办医机制；巩固完善基本药物制度和基层医疗卫生机构运行新机制，健全分级诊疗体系，加强全科医生培养；提高重大传染病、慢性病和职业病、地方病的防治能力。另外，要建立覆盖城乡居民的社会保障体系，建立并健全居民最低生活保障制度。

总之，加强社会建设要以保障和改善民生为基点。社会建设说到底是做群众的工作，一切社会建设工作都是为群众谋利的工作，一切社会建设过程都是做群众工作的过程。

（六）突出生态文明建设，实现永续发展

党的十八大报告以独立的篇章完整阐述加强生态文明建设的问题，指出建设生态文明关系人民福祉、关乎民族未来。必须把生态文明建设摆在十分重要的位置上，要将其融入社会主义总体布局建设的各个方面。生态文明建设作为总体布局内部子要素的提出突破了"四位一体"总体布局的旧框架，是对"四位一体"总体布局的创新与发展，标志着"五位一体"总体布局的最终形成与确立。具有十分重要的战略意义。

1. 加强社会主义生态文明建设的重要性和紧迫性

建设生态文明是我们党根据国情条件、顺应社会发展规律做出的正确决策，体现了党和政府对新世纪新阶段中国发展呈现出的一

系列阶段性特征的科学判断和对人类社会发展规律的深刻把握，丰富和完善了人类文明发展的理论，体现了人与自然和谐发展的理念，是实现中国全面建成小康社会宏伟目标的基本要求，也是对环境问题国际化主动承担大国责任的表现。

第一，生态文明建设是立足国情，应对生态危机的现实需要。中国人口众多，资源相对不足，并且长期积累的环境问题尚未解决，新的环境问题又不断衍生，局部地区环境污染和生态破坏已经到了相当严重的程度。直接危及全面建成小康社会的进程，影响中国特色社会主义事业的顺利发展。正如胡锦涛所说："如果不从根本上转变经济增长方式，能源资源将难以为继，生态环境将不堪重负，那样，我们不仅无法向人民交代，也无法向历史、向子孙后代交代。"[1] 社会主义生态文明建设的提出，将避免中国走上西方国家"先污染后治理"的传统工业化和现代化的老路，使中国在社会主义现代化超越传统的工业化，走建设社会主义生态文明之路。

第二，生态文明建设是更好地贯彻落实科学发展观，构建社会主义和谐社会的本质要求。科学发展观明确指出了推动中国经济改革和发展的思路和战略，明确了中国经济社会发展的根本指导思想。建设生态文明，是践行科学发展观的内在要求，坚持科学发展观与加强生态文明建设在本质上是一致的。二者都以实现人的全面发展为最终目标。在社会主义事业建设的新时期，假如社会主义生态文明建设搞不好，环境问题得不到解决，必然会损害人民的利益，导致社会不稳定，更谈不上科学发展。因此，必须积极推进社会主义生态文明建设。

第三，生态文明建设是应对资源短缺、环境污染的必然要求。虽然中国经济发展取得了巨大成功，但由于经济增长过度依赖资源消耗的传统发展模式，一些地区的发展以牺牲环境为代价，造成比

---

[1] 中央文献研究室：《十六大以来重要文献选编》中，中央文献出版社2006年版，第312—313页。

较严重的环境污染、资源浪费和生态破坏，致使中国经济社会发展面临较为严峻的生态危机和不可持续的态势。目前，中国已经成为世界上水土流失最严重的国家之一，每年的水土流失量达50亿吨以上，全国遭受水土流失的耕地约占耕地总面积的三分之一。中国荒漠化土地面积为262.2万平方公里，占国土面积的27.3%，目前仍在扩展。地下水污染较为严重，有关部门曾对全国118个城市连续监测，约一半以上的城市地下水遭到严重污染，基本清洁的城市地下水只有3%，如果不限制地下水进一步污染的趋势，地下水污染将从城市周边向农村扩散，从浅层水向深层水扩散。淡水资源不足也成为影响中国许多地区社会和经济发展的重要因素。同时，环境污染问题已经给国民经济和人民健康带来巨大危害。比如，在中国，大多数癌症患者与长期的环境污染有关；近年来不断出现的雾霾天气，尖锐地向人们提出如何杜绝"带毒"的GDP问题。生态文明建设的重要性及中国面临的生态破坏与环境污染问题，要求积极促进社会主义生态文明建设。努力将生态文明建设贯穿到社会主义建设的各个方面和全过程，才能"建设美丽中国，实现中华民族永续发展"。

第四，生态文明建设在总体布局中有着十分重要的地位。中国生态文明建设将是经济建设顺利与否的必要前提。物质生产是以自然界的存在为前提的，在物质生产中，首先发生的是人与自然的关系。自然界为人类提供了生活资料和劳动对象。没有健全、平衡的自然生态为前提，社会主义市场经济必然会出现紊乱现象，还会产生一系列的破坏力量即"反生产力"，严重影响经济、社会的可持续发展和人们的生存质量。生态文明建设关系到人们的生存、发展等切身利益，生态文明建设本身需要上升到政治高度，构成政治建设的重要内容。生态文明建设是丰富文化建设的一个重要环节之一。生态文化的不断发展将不断丰富文化建设的内容，生态文明必然影响人们的消费文化、科技文化、发展文化，进而深层次地引导人们采取绿色、健康生活的生存和可持续的发展方式。

同时，生态文明也为科技发展提供广阔的空间，并大力发展绿色科技。生态文明建设也是推动社会建设的重要手段。并且生态建设本身就是构建和谐社会建设的重要内容之一，人与自然的和谐是和谐社会建设的一个重要方面，离开生态文明建设，就无法从根本上协调人与自然的关系，也不能在完整意义上进行和谐社会建设。所以，生态文明建设在总体布局中占有重要地位。

2. 加强社会主义生态文明建设的主要途径

第一，要树立尊重自然、顺应自然和保护自然的生态文明理念。这是当下我们建设社会主义事业新的价值取向。以前在传统型的经济发展过程中，我们过于注重遵循经济规律，对于自然规律的重视度远远不够。目前，这种观念必须加以改变。要摒弃人定胜天的思维方式和做法，按照人与自然和谐发展的要求，学会"尊重自然，善待自然"。马克思在《1844年经济学哲学手稿》中强调，未来社会是建立在个人全面自由发展基础上的"联合体"，是人道主义和自然主义的结合，共产主义社会是人与自然界，人与人之间高度统一的社会，是人与自然界本质上的统一，是人与自然界关系的"和谐"，只有二者的关系达到和谐统一，才能真正做到尊重自然、顺应自然、保护自然。[①]

第二，要建立健全生态文明制度体系，用制度保护生态环境。党的十八大报告指出："保护生态环境必须依靠制度。"[②]

首先，要实行以绿色 GDP 为主要内容的核算和考评制度。发展生态经济要求将环境要素纳入国民经济核算体系，绿色 GDP 的考评制度要求要把资源消耗与环境损失成本从传统 GDP 中删除。其次，建立生态补偿机制。积极运行生态补偿模式，并不断加强政府对生态补偿的调控手段，促进生态补偿机制的法制化及其规范

[①]《马克思恩格斯全集》第42卷，人民出版社1979年版，第120页。
[②] 胡锦涛：《坚定不移沿着中国特色社会主义道路前进，为全面建成小康社会而奋斗——在中国共产党第十八次全国代表大会上的报告》，人民出版社2012年版，第41页。

化。再次，健全生态管理的体制机制。充分发挥市场在资源配置中的决定性作用，建立健全利用资源环境的激励与限制机制。最后，还要建立地区资源节约和生态环境保护绩效评价体系。将这一体系贯穿到各级干部政绩考核体系中，建立贯彻各级政府、职能部门和企业节能减排的责任制和问责制，引导各级领导干部必须积极树立科学的政绩观，建立各级政府官员重大环境问题问责制，并建立以规划环境影响评价为主的战略环评制度，从发展的源头上保护环境。还要建立和完善环境保护以及教育的评估、奖惩和奖励等方面的制度，推行重大项目和重大决策的可持续发展影响评价制度。建立生态环境恶化趋势的早期预警制度，提高生态环境保护的科技支持能力等。

第三，倡导生态消费，开展生态教育。倡导生态消费，必须建立科学的消费观与健康的消费模式。要坚持以人为本，根据人的全面发展为目标进行或实施消费活动，并养成良好的生活方式，其模式有健康消费（含心理健康）、素养消费、能力消费。倡导资源节约环境友好消费观，包括绿色消费、循环消费和低碳消费，还要树立和谐消费观和公平消费模式。加强生态教育，要建立完善的环境教育体系，做好学校教育工作，尤其是要注重培养和提高青少年的生态道德意识，应该把生态文明教育贯穿于国民教育的全过程，分别在小学、中学和大学开设更多的环保知识、生态文明方面的课程；要在全社会树立并大力提倡保护生态环境的法制观念与正常的伦理规范，大力培养和提高人民群众的生态文明意识，并进一步做好保护资源环境工作。

总之，"五位一体"中国特色社会主义总体布局的形成经历了漫长的探索历程。"五位一体"论是几代中国共产党人前赴后继、艰苦探索社会主义建设的历史进程中，科学把握基本国情，不断总结历史经验和吸取教训，在解放思想、实事求是的前提下，在坚持与时俱进地思考如何实现"中国梦"、实现中华民族的伟大复兴中逐步形成的。

第五章　中国特色社会主义总体布局历史演进的规律及其内在逻辑

每当中国特色社会主义建设事业在一个特定时期向另一个时期过渡时，总体布局具体内容的"边缘性"和"模糊性"会客观地突破其原有的框架，成功实现向新时期的过渡。改革开放以来，总体布局根据时代特征的变化、国情发展的演变、社会进步与人民群众的需要等，沿着一定的规律及严密的逻辑关系向前演进。

一　总体布局的历史演进将始终围绕经济建设这个中心展开

进入全面改革开放的新时期，经济的建设与发展如同一个圆心，其他各项建设，包括党的路线、方针、政策等统统以其为核心，逐步扩大其外延、深化丰富其内涵。具体表现在总体布局内部新要素的增加递进与总体布局内部结构的逐级深化。其实，中国特色社会主义总体布局的历史演进就是逐步增加新的要素并围绕经济建设画圆的过程。为什么总体布局的历史演进始终围绕着经济建设这个中心？原因如下。

（一）生产力是社会发展的最终决定力量

首先，生产力决定生产关系。物质生产是人类赖以生存和发展的基础，物质生产包括双重关系：一是体现人与自然关系的生产力；二是体现人与人之间关系的生产关系。生产力与生产关系都是人们在为满足自身需要而进行的物质生产活动中形成的。生产力的性质和水平决定生产关系的性质和形式。每一种现实的生产关系都建立在一定的生产力状况基础之上。正如马克思所指出的那样"随着新生产力的获得，人们改变自己的生产方式，随着生产方式即谋生的方式的改变，人们也就会改变自己的一切社会关系"[1]。因为生产力在不断地向前推进，人们也会随着生产力的发展变化适当地改变自己的生产和生活方式，"随着生产方式即谋生的方式的改变，人们也就会改变自己的一切社会关系"[2]。正如，当前社会主义生产力的进一步发展，我们必须实施全面深化改革的整体规划与目标，由此，党的十八届三中全会也明确提出了关于全面深化改革的总目标，这个总目标要求我们要进一步完善并发展社会主义的政治制度，使我们国家的政治治理能力与治理体系更加高效、科学。

其次，生产力的发展是社会进步的根本指针。生产力能否得到发展是衡量社会是否进步的最高标准，也可以说是"整个社会发展的主要标准"，"是社会主义经济组织的基础"[3]。社会发展从根本上由生产力的发展决定。任何形态的社会都有着丰富的发展目标，如经济发展的进步，政治体制的完善、人民生活水平的提高与思想观念的进步等，而这些目标的实现取决于生产力的发展。改革开放以来，中国进入建设社会主义的新时期，我们始终坚持加强社会主义物质文明建设；加强社会主义政治文明建设；着力提高社会主义文化软实力，并努力打造社会主义文化强国；还需加强社会建设，构建社会主义和谐社会，普遍提高人民生活水平；全面推进并加强党的建设，在党的建设上，除了加强党的思想建设、组织建设和作风建设，还要积极发扬以改革创新的精神建设党。可以说，以上这

---

[1] 《马克思恩格斯选集》第1卷，人民出版社1995年版，第142页。
[2] 同上。
[3] 《列宁全集》第41卷，人民出版社1986年版，第72页。

些社会主义优越性的实现都必须依靠社会生产力的发展。

最后,有效解决社会矛盾的根本动力也要依靠社会生产力的发展。毛泽东指出,有进步就会有矛盾产生。人类社会就是在不断克服矛盾的过程中得以发展,而生产力的发展是解决社会矛盾的根本动力。当前,人民日益增长的物质文化需要同落后的社会生产之间的矛盾属于人民内部矛盾。其性质本身决定了正确处理这一矛盾的根本方法是依靠发展,要通过大力发展社会主义社会的生产力来更好地维护人民生产生活的物质基础。

(二)经济建设始终是总体布局的主要矛盾

进入全面改革开放的新时期,中国特色社会主义总体布局的历史演进始终把经济建设放在第一位,经济建设是总体布局的核心要素和组成部分。迄今为止,经济建设始终是总体布局的主要矛盾。

唯物辩证法认为,矛盾是事物内部对立面的统一。在事物的发展过程中,同时存在许多矛盾,互相交织构成一个复杂的矛盾体系。在这一体系中,从事物发展所处的地位和作用来看,可以分为主要矛盾和非主要矛盾、矛盾的主要方面和非主要方面。主要矛盾是在事物发展过程中居于支配地位、起决定作用的矛盾。主要矛盾的存在和发展影响着其他矛盾的存在和发展。所以,我们只有科学把握并解决主要矛盾,才能促进事物健康发展。

在新民主主义革命时期,中国共产党善于抓住主要矛盾和集中力量解决主要矛盾的哲学思想发挥了重要作用。比如,毛泽东关于建立最广泛的统一战线、关于"团结进步势力""利用矛盾,争取多数"等战略策略。这一哲学思想也是党的一个运用自如并十分有效的工作方法。"在任何一个地区内,不能同时有许多中心工作,在一定时间内只能有一个中心工作,辅以别的第二位、第三位的工作。"[①] 要求确定每一时期的中心任务,统筹安排各项工作。历史

---

① 《毛泽东选集》第3卷,人民出版社1991年版,第901页。

经验告诉我们，能否正确抓住和解决每个时期的主要矛盾，关系到我们事业的成败。党的八大科学阐释了我国社会主义改造完成以后国内的发展情况，并明确提出了当时中国国内的主要矛盾已经不是工人阶级和资产阶级的矛盾，并提出了全面开展社会主义建设的任务。这一路线是正确的。但是，后来由于偏离了这一路线，错把无产阶级和资产阶级的矛盾当作社会的主要矛盾，结果犯了包括"文化大革命"在内的全局性的长期的"左"倾错误。致使社会主义建设事业遭受巨大曲折与损失。因此，在事物发展过程中必须学会抓住主要矛盾。

同样，在社会主义建设的新时期也要科学认识和把握中心工作，充分认识和应对社会主义现代化建设事业中的主要矛盾。需要说明的是经济建设问题既是社会主义建设的主要矛盾，也是社会主义总体布局的主要矛盾。从国际上看，冷战结束后，和平与发展是当今时代的主题。为增强综合国力、提高国际地位，各国在激烈的竞争中争相发展。进入新世纪以来，在当今世界综合国力的竞争中，经济竞争成为综合国力竞争的中心内容。国际竞争的目的是谋取经济利益。从国内看，发展问题至关重要，发展是解决中国目前所有问题的关键，只有发展才是硬道理。无论是实现全面建成小康社会的奋斗目标还是中华民族伟大复兴的实现等，都离不开发展。这个"发展"的落脚点还是经济的发展。马克思指出，物质生活资料的生产，是"一切人类生存的第一个前提"，"是一切历史的第一个前提"，"即一切历史的一种基本条件"[1]。邓小平指出："根据我们自己的经验，讲社会主义，首先就要使生产力发展，这是主要的。只有这样，才能表明社会主义的优越性。"[2] 也就是说，经济建设与发展成为整个社会发展的物质基础和现实保障有其历史必然性和理论的合理性。改革开放以后，党把经济建设作为工作重点，

---

[1] 《马克思恩格斯选集》第1卷，人民出版社1995年版，第78—79页。
[2] 《邓小平文选》第2卷，人民出版社1994年版，第314页。

成功实现了向经济建设为中心的合理转变，并且其余一切工作都要服从并且围绕这个中心。因此，经济建设问题不仅是中国特色社会主义现代化建设的核心问题，也是中国特色社会主义总体布局中的主要矛盾。

（三）"以经济建设为中心"是建设社会主义的历史经验

"以经济建设为中心"是基于中国共产党历史经验教训的总结。1956年，党的八大明确提出党和国家的主要任务是集中力量发展生产力，以实现国家的工业化。但是，在社会主义建设的种种实践中，由于一些特殊原因导致"左"的错误思想倾向扩大为"以阶级斗争为纲"的重大失误，最终导致了长达十年的内乱——"文化大革命"，给社会主义建设事业带来重大损失。1978年，党的十一届三中全会把党和国家的工作重心转移到经济建设上来，是党在深刻总结社会主义建设初期成败得失的基础上做出的正确选择。而当前，努力做到以经济建设为中心，也就是我们的中心任务。

20世纪90年代，针对鼓吹"两个中心"的问题，江泽民提出，"中心只能有一个，就是以经济建设为中心，不能搞'多中心论'"[①]。随着我国进入经济快速发展全面建设小康社会的新时期，中国共产党人抓住新的机遇与挑战，面对新的矛盾与问题适时提出了"科学发展观"，其第一要义就是发展，简言之，发展就是要做到以经济建设为中心，不断解放并发展生产力。在抗击"非典"时，胡锦涛着重强调，在任何情况下，都要做到以经济建设为中心，并且"必须坚持抓好发展这个党执政兴国的第一要务……为战胜各种困难和风险提供雄厚的物质技术依托"[②]。可见，"以经济建设为中心"一直是我们党建设社会主义的可贵历史经验。

"以经济建设为中心"这一党领导建设社会主义的基本历史经

[①] 《江泽民文选》第2卷，人民出版社2006年版，第526页。
[②] 中共中央文献研究室：《十六大以来重要文献选编》上，中央文献出版社2005年版，第394页。

验仍然没有改变。原因在于，我国处在初级阶段的基本国情没有变。人民日益增长的物质文化需要同落后的社会生产之间的社会主要矛盾没有变。因此，"以经济建设为中心"这个作为党领导建设社会主义的基本历史经验仍然没有改变。邓小平曾强调，"一个真正的马克思主义政党在执政以后，一定要致力于发展生产力。"[①]因此，在社会主义建设初级阶段的全过程，党的所有工作和活动都要服从和服务于经济建设这个中心。

二　总体布局的构成要素与结构呈现"多元化"趋势

总体布局的构成要素和结构从单一逐步走向丰富，逐渐呈"多元化"趋势，是对马克思主义中国化历史轨迹的具体阐释，丰富了中国化马克思主义的科学内涵，适应了中国特色社会主义事业不断发展的要求。

（一）总体布局的构成要素与结构呈"多元化"趋势的主观原因

总体布局构成要素与结构呈"多元化"趋势的主观原因是中国共产党对社会主义现代化建设事业规律与结构体系认识的逐步深化。也是总体布局从"二位一体""三位一体""四位一体"到"五位一体"发生演进的直接原因。演进过程适应了处在变化发展阶段中的社会有机体子系统的有机整合与内容的增加，这种整合与增加不是简单的机械式相加，而是一种科学性很强的有机统一。围绕这种统一，长期以来中国共产党围绕着"什么是社会主义，怎样建设社会主义"这一重大历史性课题上下求索，并以此为逻辑起点，开辟了以改革开放为主题和以经济建设为中心的社会主义现代化建设的总体布局。

[①]《邓小平文选》第3卷，人民出版社1993年版，第28页。

第五章 中国特色社会主义总体布局历史演进的规律及其内在逻辑

1978年12月,党的十一届三中全会开启了中国改革开放的历史新时期,明确了实行改革开放的伟大决策。会议也强调了要加强社会主义法治建设,这是为了进一步保障人民民主的重大决定,要使得中国的民主更加制度化和法律化,还要确保这种制度和法律实施的有效性,并且它的推行还要具有较强的稳定性、连续性与权威性。这次会议的召开对于中国特色社会主义建设具有里程碑的意义,其中提出的一系列相关方针政策,"中心点是从以阶级斗争为纲转到以发展生产力为中心,从封闭转到开放,从固守成规转到各方面的改革"[1]。以上这些都代表了中国共产党站在新时代前沿的觉醒,是中国共产党科学把握时代脉搏的具体表现。以此为新的起点中国共产党"开辟了建设有中国特色社会主义的全新的事业"[2]。

中国的改革从农村开始并逐步突破,在农村推行以家庭联产承包责任制为起点的改革,农业增长率迅速上升,农民所有权的大变革也带动了所有制结构的调整;之后,对计划与市场的关系进行权衡与思考,并逐渐对企业改革进行试点;兴办经济特区等。改革初期取得的成就是辉煌的。1982年党的十二大上,我们党明确提出了"建设有中国特色的社会主义"的著名论断。从此以后,中国共产党终于找到了"什么是社会主义、怎样建设社会主义"的准确答案。以此为逻辑起点,中国共产党对于社会主义建设规律的认识以及对于社会结构体系构成的认识逐步深入。

党的十三届四中全会至党的十六大,是我们党和国家发展史上的关键战略时期。国内改革开放和现代化建设发生阶段性变化,各种矛盾和问题叠加交织。尤其是20世纪80年代末至90年代初,世界局势发生了重大调整与改变,最突出的特点是世界范围内的社会主义运动严重受挫,尤其是东欧剧变、苏联解体的主要表征,使中国特色社会主义事业的发展面临空前的困难与压力。

---

[1] 《邓小平文选》第3卷,人民出版社1993年版,第269页。
[2] 同上。

面对重大考验，以江泽民为核心的党的第三代中央领导集体旗帜鲜明地强调，中国共产党一定要坚定不移地推进改革开放以来的路线方针和政策。并对两大问题展开了长期的探索与思考。一是新时期必须不断地加强和改进党的建设，进一步巩固中国共产党的执政地位；二是必须做到始终坚持贯彻推进党的基本路线、加快推进社会主义现代化建设。党还指出中国处于初级阶段这一基本国情，并进一步明确了我国社会处于这样发展阶段的主要矛盾，并科学阐释了解放和发展生产力是这一阶段的根本任务。同时指出，在建设社会主义事业的过程中，要正确认识和处理改革、发展和稳定三者之间的关系问题。中国共产党人还适时提出了把全面建设小康社会作为21世纪头20年的奋斗目标。并在社会主义性质的国家内创建实行市场经济体制，大胆确立社会主义市场经济体制的目标发展模式，还进一步提出了要建立以公有制为主体，多种所有制经济共同发展的基本经济制度，并要求把按劳分配与按生产要素分配结合起来。这一时期实行全方位、多层次、宽领域的对外开放，以更加积极的姿态走向世界等。可以说，这一时期的探索是中国共产党对社会主义现代化建设事业规律与结构体系认识的推进。

党的十六大至党的十八大期间，以胡锦涛为核心的党中央根据社会和人民群众的需要出发，并充分结合全党智慧，有力并适时提出了蕴含关于国家经济、政治、文化和社会发展各个领域，努力发展以人为本的、全面协调可持续的科学发展观。既包括生产力和经济基础的问题，也包括生产关系与上层建筑的有关问题。中国共产党在这一时期对于建设社会主义的规律与其内部结构体系的变化有了更加深入的认识。

根据这一时期中国国情的变化与社会主义事业建设的需要，中国共产党在经济建设上，加强和改善宏观调控，促进国民经济又好又快发展；统筹城乡发展，解决好"三农"问题；大力推进自主创新，加快经济结构战略性调整；继续深化改革开放，构建有利于科学发展的体制机制。政治建设上，加强制度建设，完善民主权力保障制度，健全法律制度和司法体制机制，完善公共财政制度，完善收入分配制度等。文化建设上，2006年党明确提出"建设社会主义核心价值体系"这个重大命题和任务。进一步推进文化建设，推进社会主义文化大发展与大繁荣。在社会建设方面，遵循以改善民生为重点。提出了要构建社会主义和谐社会的目标任务，进一步明确构建社会主义和谐社会的内涵和目标，并针对"如何建设社会主义和谐社会"提出了构建的原则和要求。

这一时期比较突出的还有生态文明方面的建设，这是中国共产党人根据时代特征的变化以及中国具体国情的变化对于社会主义现代化事业与结构体系的新认识。也是社会主义事业总体布局内容的扩展与延伸。另外，还有以改革创新的精神推进党的建设，提出建设学习型政党，继续推进党的先进性建设，进一步提高党的执政能力建设，整体推进党的思想作风制度建设与反腐倡廉建设。这一时期的探索是中国共产党对社会主义现代化建设事业规律与结构体系认识上的进一步深化和发展。

所以，通过长期以来中国共产党人对于社会主义事业建设不懈地探索、实践与取得的成就可以看出，中国共产党领导中华民族和中国人民进行社会主义建设必然会遵循社会主义建设规律和社会结构体系的变化。只有这样，我们的社会主义事业才能取得成功。

（二）总体布局构成要素与结构呈"多元化"趋势的客观原因

改革开放以来，客观环境的变化是总体布局构成要素和结构呈"多元化"趋势的客观原因。从国际情况上来看，第二次世界大战以后，冷战的发展虽然引发了朝鲜战争、越南战争等热战，但是最终并没有转变为新的世界战争，相反时代主题却逐步转换。20世纪80年代，根据对世界形势及发展变化的注解，邓小平做出了关于和平与发展是当今世界两大主题的科学界定。他指出："现在世界上真正大的问题，带全球性的战略问题，一个是和平问题。一个是经济问题或者说发展问题。"① 当时，世界上制约战争的力量有了重要发展，日本人民、欧洲人民，包括中国在内的第三世界人民都不希望战争发生。世界战争在很大程度上说是可以避免的，时代的主题由战争与和平转换为和平与发展。因此，我国今后将会有一个长期和平的国际环境，集中力量进行社会主义现代化建设，这就进一步说明了党的十一届三中全会把党和国家的重点转向以经济建设为中心、实行改革开放的战略决策是完全正确的，也说明了在社会主义总体布局建设中加强物质文明与精神文明建设的科学性与重要性。

1989—1991年苏东剧变以来，世情发生了深刻变化，国际形势呈现出世界多极化、经济全球化以及科技进步加快的趋势，这向党和国家提出了亟须解决的新问题与新挑战。世纪之交的"三位一体"的总体布局重要思想、新世纪新阶段形成的"四位一体""五位一体"的总体布局理论都为解决这些时代新问题和新挑战而诞生，因此，总体布局的内在构成要素与结构也呈多元化趋势。苏东剧变从根本上打破了两极对立的世界格局，以苏联为首的华约集团完全瓦解。以美国为首的北约集团虽然继续存在，但由于失去最重要的竞争对手，其功能和作用也发生了重要变化。但是，美国的综合国力远远超过了中国、俄国、日本和欧洲各国。所以，世界形势呈现出一超多强的多极化趋势，是力量不均衡的多极世界。同时，世界范围的和平有了更大的保证，从两极格局转向多极化以后，除了美国之外没有任何一个国家有资格打一场世界大战；经济全球化的发展以及经济、科技成为国际竞争的决定性因素，使得通过世界大战解决国际争端的可能性和必要性基本消失了。这种政治格局的变化给我们带来的最大好处是为我国"以经济建设为中心"的各大建设提供了长期稳定的国际环境，大大有利于我国的社会主义现代化建设。

20世纪90年代以来，经济全球化加快发展。一方面，二十世

---

① 《邓小平文选》第3卷，人民出版社1993年版，第105页。

纪四五十年代的新科技革命，使生产力获得了质的飞跃；另一方面，苏东剧变后，绝大多数国家都进行了市场经济的改革，以不同速度融入国际社会，成为世界市场的有机组成部分，大大加速了经济全球化的进程。经济全球化为我国发展提供了良好的战略机遇，我们能够充分利用国际国内两个市场两种资源，用开放促进改革和发展。有利于我们在更加便利的情况下，直接引进国际的资金、技术、人才和先进的经营管理经验，促进我国全面建设小康社会目标的实现，为我们加强社会主义社会建设、建成小康社会、构建和谐社会提供便利和条件，有利于进一步完善和深化总体布局内部要素的构成及其发展。

同时，从20世纪90年代开始，新技术革命使人类进入信息化社会，人类社会从工业化向信息化迈进；知识经济也初现端倪，知识对经济的发展作用越来越大，科学技术与经济的结合日益紧密，也就是说，拥有更多知识的国家会有更高的产出。因此，中国共产党人十分重视加强文化建设，党的十七大明确提出要"提高国家文化软实力"，党的十七届六中全会提出了"建设社会主义文化强国"的历史任务和战略目标。党的十八大在科学把握世界文化发展趋势下，强调了加强文化建设、提高文化软实力的重要性和紧迫性，并深刻阐述了建设社会主义文化强国的基本要求。对于文化建设的重视既是对总体布局战略内容的拓展与深化，也是适应时代发展和应对国际竞争的需要。

人类进入工业化时代后，科学技术不断地增强人类认识和改造世界的能力，不断推动人类认识和改造世界的能力，极大推动着经济和社会发展。但是，也严重破坏了生态环境，进而影响人类的生存。20世纪中叶后，这一问题随着新科技革命的发展变得越来越尖锐，严重影响了人类的生存和发展。一度成为世界各国的重要话题，也导致了20世纪90年代人类发展观的巨大变化。1992年6月，在巴西里约热内卢举行了由180多个国家参加，103位国家元首或政府首脑出席的联合国环境与发展大会，人类已经进入生态文明时代。

党的十六大以来，随着我国工业化和城镇化进程的加快，经济社会发展对能源资源的需求也迅速增加，生态环境承载的压力越来越大。对此，中国共产党以高度的政治远见和责任感极为重视环境保护工作，明确提出了"生态文明"的重要命题。生态文明建设是中国特色社会主义事业建设的重要目标之一，也是关系国家发展和民族意愿的大计。党的十八大报告更是以独立的篇章完整阐述加强生态文明建设的问题，指出："建设生态文明，是关系人民福祉、关乎民族未来的长远大计。"[1] 它的提出具有十分重要的战略意义。

总之，马克思主义哲学原理认为，物质决定意识，主观世界和认识的变化随着客观世界的改变而改变。客观环境中新要素与新问题的递增与扩大，也会引起主观世界与认识的深化与发展。因此，中国特色社会主义总体布局也必然会随着世情、国情等客观环境出现的新问题与新情况，呈现"多元化"的发展趋势。

三 总体布局的历史演进体现了与时俱进的理论品质

改革开放以来，随着总体布局的历史演进与发展，我们党先后四次形成了四个总体布局，这四个总体布局之间是一脉相承、与时俱进的。总体布局的历史演进体现了与时俱进的理论品质。

进入中国特色社会主义建设的新时期，我们党首先形成了社会主义物质文明建设和精神文明建设"两个文明一起抓"的"二位一体"总体布局。社会主义改造基本完成后，由于党指导思想上的失误和"左"的思想的干扰，社会主义事业建设长期与生产力脱离，国民经济发展十分缓慢甚至出现停滞和倒退，人们的物质生活

---

[1] 胡锦涛：《坚定不移沿着中国特色社会主义道路前进，为全面建成小康社会而奋斗——在中国共产党第十八次全国代表大会上的报告》，人民出版社2012年版，第39页。

水平极为低下。社会生产力低下已成为制约我国综合国力提高的主要原因，从根本上阻碍了我国社会主义事业的发展。所以，党适时提出了建设社会主义物质文明，并把解放生产力和发展生产力作为社会主义的本质要求。并且随着社会主义物质文明的发展，人们的思想观念和精神状态的不适应性日益凸显，社会开始弥漫拜金主义、享乐主义、利己主义等腐朽思想。中国共产党清醒地认识到物质文明与精神文明的辩证统一关系，认为物质文明建设可以为精神文明建设提供充足的物质基础与丰富的实践经验；精神文明建设可以为物质文明建设提供精神动力与智力支持。党的十一届四中全会明确提出，要在建设高度物质文明的同时提高全民族的教育科学文化水平与健康水平，发展高尚的丰富多彩的文化生活，建设高度的社会主义精神文明。

20世纪90年代后，为了进一步推动生产力和国民经济的发展，市场经济体制改革不断被强化，引起了原有的政治体制与市场体制的不相适应，这种不适应所引起的政治结构内部各种权力关系间的不和谐与矛盾也日渐显现。"经济体制改革每前进一步，都深深感到政治体制改革的必要性，不改革政治体制，就不能保证经济体制改革的成果。"[1] 同时，随着经济社会的发展，人们对于民主政治建设提出了新的要求。因此，党在各种因素的推动下，开始了全方位、多层次的政治体制改革。改革在合理划分中央与地方事权、改革人民代表大会功能、建立现代司法制度、改革政府机构庞大、加强对权力的制约与监督、健全基层民主等诸多方面取得重要成就，政治体制改革是当时政治建设的主要内容。政治建设是对"二位一体"总体布局原有框架体系的扩展和突破，成功实现了向"三位一体"总体布局的历史演进。

进入21世纪，随着我国工业化、城镇化和经济结构的加速调整，国民经济有了更快的发展和进步。但是，我国社会组织形式、

---

[1] 《邓小平文选》第3卷，人民出版社1993年版，第176页。

就业结构、社会结构的变革也跟着加快。社会很可能会长期面临一些亟待解决的更加复杂的新矛盾和新问题，主要是资源能源紧张、压力大，人与自然关系的不和谐；城乡发展不平衡、地区发展不平衡、经济和社会发展不平衡的矛盾也更加突出；人民群众的物质文化需要不断提高并趋向多样化，社会利益关系更趋复杂，统筹兼顾各方面利益的难度加大等给社会稳定与和谐带来了严重不良影响。针对新时期社会建设方面的凸显矛盾与问题，2004年9月，党的十四届六中全会明确提出了构建社会主义和谐社会的重大历史任务。标志着包括经济建设、政治建设、文化建设、社会建设在内的"四位一体"总体布局的形成。这是党再一次坚持实事求是、与时俱进理论特质的鲜明体现。

在"四位一体"总体布局的前期发展与铺垫下，中国很快便进入了有史以来发展最快、最好的时期，现代工业文明得到了更好的发展。但是也带来了严重的生态环境危机，已经在很大程度上制约了国民经济的发展，对人们的健康生活造成巨大威胁。我们再不能承继先浪费后节约、先污染后治理的传统。2007年10月，党的十七大指出，中国前进中还面临着很多困难与问题，最突出的是经济增长的资源环境代价过大。并由此提出了建设生态文明的目标和战略。生态文明建设是中国共产党立足于社会主义现代化建设的实际，在总结前期发展经验教训的基础上所做出的正确战略选择。生态文明建设的应时提出标志着"五位一体"总体布局的形成。可见，总体布局的每一次历史演进都是从客观实际出发，决定了这种演进过程具有高度的科学性和逻辑性。之所以能够成功地把原本静态的总体布局的理论形态以动态的模式展现出来，就是因为把"与时俱进"真正融入到了总体布局发展的理论与实践中。

总之，总体布局的历史演进全过程是中国共产党带领中国人民和中华民族，长期坚持不懈、努力探索寻找画圆更加得当的方法去圆"中国梦"的伟大征程。中国特色社会主义总体布局历史演进的规律告诉我们，必须始终坚持"以经济建设为中心"的历史任务，必须始终坚持中国共产党对社会主义建设事业的领导，还要做到正确认识和把握世情、国情的变化，做到实事求是、与时俱进。

四 总体布局的历史演进始终在中国共产党的领导下推进

总体布局在历史演进过程中必须始终坚持中国共产党的领导，坚持党的领导是总体布局历史演进的突出特征和必然规律。总体布局的历史演进以"两手抓，两手都要硬"两个文明一起抓为历史演进的逻辑起点，直到形成"五位一体"总体布局。是党的几代领导集体以马克思主义及中国化的马克思主义为其指导思想，以科学认识和把握时代特征和具体国情为实践依据，充分发挥主观能动性，经历长期艰辛探索的过程。坚持中国共产党的领导由多方面因素决定，是历史的选择，也是人民的选择。

（一）坚持党的领导是马克思主义国家学说中的根本观点

列宁认为，工人阶级政党在取得革命的胜利后，必须掌握国家的领导权，这是由国家性质所决定的。列宁认为，党是直接执政的无产阶级先锋队，是领导者。这一思想理论也是毛泽东关于人民民主专政国家学说中的首要问题与不可动摇的基本原则。毛泽东认为，总结新民主主义革命胜利的基本经验，集中到一点"就是工人阶级（经过共产党）领导的以工农联盟为基础的人民民主专政"，"这就是我们的公式"[1]。在这里毛泽东强调了人民民主专政的前提是要坚持共产党的领导，即只有在"工人阶级和共产党的领导之下，团结起来，组成自己的国家，选举自己的政府……对人民内部的民主方面和对反动派的专政方面，互相结合起来，就是人民民主专政"[2]。

---

[1] 《毛泽东选集》第4卷，人民出版社1991年第2版，第1480页。
[2] 同上书，第1475页。

在阶级社会，社会发展的方向取决于由哪种政治力量来占据统治地位，又由哪个阶级的政党掌握着国家的政权。历史赋予无产阶级的光荣使命就是彻底推翻资本主义，并建立社会主义国家，最终实现共产主义，顺应历史潮流趋势，成为领导阶级。所以，胜利的无产阶级必然要掌握国家领导权。这是基于无产阶级自身的阶级地位而赋予它的光荣、神圣的历史使命。

总之，总体布局的历史演进是中国特色社会主义事业的重要组成部分，也必然要坚持中国共产党的领导。

（二）坚持党的领导是历史与现实发展的必然选择

从历史与现实上看，中国共产党成立后便积极参加民主革命，在党的二大上明确提出了彻底的反帝反封建的革命纲领。以毛泽东为核心的党的第一代中央领导集体经过长期艰辛探索，开创了具有中国特色的新民主主义道路。历经28年的浴血奋战，夺取了新民主主义革命的胜利，建立了中华人民共和国，实现了中国近代史上最伟大的历史转折和社会变革。新中国成立后，中国共产党一方面借鉴吸收苏联建设社会主义的经验教训；另一方面，以马克思主义和毛泽东思想为指导，在摸索中寻找建设社会主义的路子。最终，通过"三大改造"顺利实现了向社会主义过渡的发展目标，开启了建设社会主义的新篇章。同时，在和平与发展的时代主题下，党以巨大的政治勇气与理论勇气，科学做到解放思想、实事求是。在总结当代社会主义正反两方面经验教训的基础上，做出实行改革开放的伟大决定，并对"什么是社会主义、怎样建设社会主义"的历史性课题有了更加深刻的认识。有效解决了立国之本、强国之路、兴国之要等一系列带有根本性的问题。并集中全党智慧，总结实践经验，创造性地回答了在长期执政的条件下，建设什么样的党、怎样建设党的问题。明确了立党之本、执政之基和力量之源等带有根本性的问题。

党的十六大以来，中国共产党依据我国仍处于并将长期处于社会主义初级阶段的基本国情和进入新的历史征程的发展阶段，提出了以人为本、为了人的全面发展和社会的进步以及资源环境的可持续发展等思想，对于发展目的、发展动力、发展方式等重大问题做了科学回答。进入新世纪新阶段，以习近平为核心的党中央坚持以中国特色社会主义理论体系为指导，坚持解放思想、实事求是、与时俱进的理论原则。在继承前期理论与实践的成果上，提出了一系列具有重大战略意义的理论成果。历史与现实证明，中国共产党既是近代社会深刻变迁的进步产物，在长期革命斗争中逐步发展壮大，也是近代中国历史进步发展的必然选择，是中国特色社会主义建设事业的领导核心。党有着丰富的改革、建设与发展的历史经验，完全可以驾驭总体布局随客观现实变化而演进的动态式格局。

（三）坚持党的领导是人民的选择

中国共产党从成立之日起，就把全心全意为人民服务作为党的唯一宗旨。就把人心向背作为一个政党、一个政权盛衰的根本要素。也就是说"党的理论路线和方针政策以及全部工作，只有顺民意、谋民利、得民心，才能得到人民群众的支持和拥护，才能永远立于不败之地"[1]。长期以来，我们党积极发挥先锋模范作用，顺应历史潮流，努力永葆其先进性。尤其是为践行全心全意为人民服务的宗旨，坚持以人为本、执政为民，用具体行动诠释了"三为民"思想即情为民所系、利为民所谋、权为民所用。

在社会主义建设的新时期，习近平总书记多次强调要全心全意为人民服务，指出："始终坚持全心全意为人民服务的根本宗旨，是我们党始终得到人民拥护和爱戴的根本原因，对于充分发挥党密切联系群众的优势至关重要。我们任何时候都必须把人民利益放在第一位，把实现好、维护好、发展好最广大人民根本利益作为一切

---

[1] 胡锦涛：《在"三个代表"重要思想理论研讨会上的讲话》，人民出版社 2003 年版，第 17 页。

工作的出发点和落脚点，诚心诚意为人民群众谋利益。"① 2012年11月15日，习近平总书记在十八届中央政治局常委与中外记者见面会上的讲话中进一步指出："每个人的工作时间是有限的，但全心全意为人民服务是无限的。"要"密切党群、干群关系，保持同人民群众的血肉联系，始终是我们党立于不败之地的根基"②。我们党时刻以全心全意为人民服务为宗旨，尊重人民意愿，为人民谋利益，必然得到广大人民群众的支持和拥护，无论是在社会主义现代化事业的建设中，还是在总体布局的历史演进中，党的领导地位和作用的巩固与发挥无疑都与人民的支持紧密相关，始终坚持中国共产党的领导是人民的必然选择。

五 中国特色社会主义总体布局历史演进的内在逻辑关系

在不同的历史时期和历史阶段，在科学把握时代脉搏和总结国情的基础上，总体布局会相应地增加新的内容。前一个总体布局是下一个总体布局的前提和基础，这种前提和基础是下一个总体布局的主体内容。下一个总体布局是前一个总体布局的拓展和延伸，这种拓展和延伸不仅体现在新的要素的增加上，也体现在之前旧要素的新的整合和发展上。也就是说，总体布局的历史演进不同于社会形态转变时发生的那种根本性的社会变革，而是存在共同的物质基础和发展目标，并在发展过程中形成不同发展阶段和理论形态的自我演进逻辑关系。具体说来，这种关系本质上就是总体布局在中国特色社会主义建设事业大框架下的自我发展、自我完善与自我演进的逻辑关系，是一种前提和基础、推进与升华、继承并发展、既有

---

① 习近平：《始终坚持和充分发挥党的独特优势》，《求是》2012年8月1日第15期。

② 习近平：《紧紧围绕坚持和发展中国特色社会主义学习宣传贯彻党的十八大精神》，《求是》2012年12月1日第23期。

各自发展特色又有统一本质的辩证逻辑关系。

第一，总体布局历史演进的形态之间存在前提和基础的关系。改革开放以来，总体布局的历史演进不仅始终围绕社会主义建设事业、实现民族复兴的价值理念和奋斗目标，而且演进形态之间按序形成前者对后者的前提和基础关系。即"两手抓，两手都要硬"的总体布局奠定了总体布局历史演进最初的前提和基础。"三位一体"的总体布局以"二位一体"总体布局为理论前提；同理，"三位一体""四位一体"的总体布局又为"五位一体"总体布局的最终形成提供了理论和实践准备。"五位一体"论的形成是总体布局历史演进中不断积累和发展的必然。可见，总体布局历史演进之间存在一脉相承的内在统一关系。

第二，总体布局历史演进的形态之间存在推进与升华的关系。虽然总体布局演进之间存在前提和基础的关系，但这并不代表总体布局的历史演进形态之间没有质的区别。从"二位一体"到"五位一体"的总体布局的演进本身就体现了理论内涵与特征上的不同，并且还内在地蕴含着演进间的推进与升华关系。由于每个阶段的总体布局面临的矛盾和任务不同，所以决定了在解决矛盾的方式和实现途径上也必然存在差异，也决定了总体布局演进形态之间存在着后者对前者的推进和升华。具体来说，"三位一体"论是对"二位一体"论的推进和升华，"四位一体"论是对"三位一体"论的推进和升华，"五位一体"论又是对"四位一体"论的推进和升华。简单说，正是由于后者对前者推进与升华的逻辑关系，才有了中国特色社会主义总体布局的历史演进。

第三，总体布局的历史演进形态之间还存在继承和发展的关系。总体布局的历史演进形态之间存在着前者对后者的"前提和基础"关系，即前者本身孕育着后者发展的思想渊源和理论萌芽，只有通过历史继承和发展，才能真正发挥这种"前提和基础"的作用。

同时，"四形态"之间暗含着后者对前者的"推进与升华"关系，而这种关系只有建立在对前者的历史继承和发展的前提下才能真正实现。"三位一体"论内在地包含"二位一体"论中一切对总体布局发展有益的成分，它本身就是对"二位一体"论更高层面的继承和发展，是对其理论内核、发展途径和发展方式的深化与发展。同样也可以说，"五位一体"论不仅把之前"三形态"（"二位一体""三位一体""四位一体"）作为题中应有之义纳入自己的思想体系之中，而且它自身还要通过"加强生态文明建设""转变经济发展方式""全面深化改革"等不同于先前的、并且经过深化和发展的方法途径来推进总体布局建设。使其在"科学发展"中把"三形态"的价值目标和本质要求得到更好的展现和发挥。因此，后一个总体布局是对前者的历史继承和发展。

总体布局在不同的历史时期会面对不同的矛盾与问题，担负着特殊使命和任务，有其实现发展的相应方法和途径。但是，通过"前提和基础""推进和升华""历史继承和发展"的逻辑关系来看，"四形态"之间有着共同的价值前提和内在本质，有着共同的奋斗目标。简言之，总体布局历史演进的形态辩证统一于中国特色社会主义事业建设的理论与实践中。

第六章 中国特色社会主义总体布局历史演进的经验与启示

通过对中国特色社会主义总体布局的先行探索、历史演进的轨迹、理论形态、规律及其内在逻辑的科学分析,得出总体布局的基本经验与启示主要在于始终坚持党的思想路线,以改革开放和现代化建设重大问题为依据,坚持党的历史任务,充分发挥人民群众的主体性作用,加强马克思主义的宣传与教育等。

一 总体布局的历史演进始终坚持"解放思想、实事求是,与时俱进"的思想路线

在哲学上,思想路线又称作认识路线,它正确解决了主观和客观的矛盾关系问题。我们党和国家的思想路线就是"解放思想、实事求是,与时俱进",也是总体布局在历史演进中始终坚持的思想路线。

(一)坚持和贯彻"解放思想、实事求是"

1. 解放思想的科学内涵

解放思想这一范畴是中国为适应改革开放的实践需要而提出的,为了把人们的思想观念从"文化大革命"以及之前的"左"倾思想的束缚中特别是从"两个凡是"的思想束缚中解放出来而提出的。历经改革开放的发展历程,站在中国特色社会主义建设发展

的新起点上，要不断开拓社会主义现代化建设事业的新局面，就必须继续解放思想，不断提升解放思想的层次和水平。中国共产党认为，解放思想也是中国特色社会主义建设的法宝。把它当作我们党不断开创新事业新局面的法宝，是中国共产党革命和建设经验教训的科学概括和总结。

解放思想是人们要学会打破主观偏见与个人习惯势力的束缚，冲破条条框框，打破教条主义和主观主义，不断适应实践的发展。敢于并善于解决现实中的新情况与实践中的新问题，是解放思想的核心内容。人们要敢于冲破落后的思想观念，在实践的发展中既破旧立新又与时俱进；善于吸收借鉴优秀的思想传统，也是推动社会发展进步的强大动力。

2. 实事求是的科学内涵

毛泽东曾对实事求是作了马克思主义的解释，使其具有马克思主义的内涵。1941年，毛泽东在《改造我们的学习》中指出："'实事'就是客观存在着的一切事物，'是'就是客观事物的内部联系，即规律性，'求'就是我们去研究。"1992年，邓小平在南方谈话中指出，"实事求是是马克思主义的精髓"。这是对马克思主义理论的本质规定性问题做出的精彩注解。可以说，实事求是的思想观点是马克思主义学习与实践的根本方法。

第一，实事求是是马克思主义得到创立并发展的思想方法。但归根结底，马克思主义的创立和发展以实事求是为前提，是实事求是的思想结晶。马克思主义的历史唯物主义来源于实事求是地认识人所从事的生产劳动在人类社会发展中的重要作用，而引申出社会存在决定社会意识的科学理论；马克思政治经济学的诞生也在于坚持实事求是，从研究资本主义最为常见、最基本的细胞——商品开始，从而巧妙发现剩余价值的秘密，找到资本主义固有的矛盾，从而揭示了人类社会发展的一般规律。在以后的深化与发展中，马克思主义更是在实践中遵循实事求是。无论是列宁还是毛泽东、邓小平等，他们作为马克思主义的直接践行与发展者，在领导本国社会主义革命和建设的过程中，都要求从本国的实际出发，实事求是。于是有了毛泽东思想和中国特色社会主义理论体系。只有坚持实事求是、一切从实际出发，马克思主义才能得到丰富、发展与完善，也才能永葆其鲜活的生命力。

第二，实事求是是党的思想路线的核心内容。实事求是这一思想路线是在实践中不断总结经验的基础上形成和确立起来的。1930年，毛泽东在《反对本本主义》中首次提出"思想路线"这一概念，并且强调要"时时了解社会情况，时时进行实际调查"[①]。从1941年至1942年，在延安整风运动中毛泽东批判主观主义特别是教条主义。延安整风、党的七大后，实事求是作为党的思想路线在全党被确立下来。邓小平认为，实事求是就是我们党的思想路线。要保证主观与客观相符合，并按客观规律办事。实事求是蕴含了一切从实际出发，理论联系实际的基本原则。因此，在党的思想路线中，实事求是是核心。

3. 解放思想与实事求是的内在统一

虽然解放思想和实事求是是两个不同的范畴，前者强调的是主体破除思想束缚问题，侧重点在于"破"，注重革除旧的习惯势力和旧的思想对主体的束缚。后者强调的是主体从实际出发，按客观规律办事的问题，侧重于主体在求"是"的过程中努力达到主观与客观相符合。从某种程度上说，实事求是就是要做到解放思想。可以说，它们在本质上是一致的。

解放思想与实事求是二者在根本上是一致的。首先，解放思想内在地要求实事求是。解放思想的前提条件是必须做到实事求是，绝不能脱离实际的大闯、蛮干。如果思想上过于注重主观臆想，在实践中就无法做到实事求是，也就不会有实践主体人的思想解放。其次，实事求是的基本前提是解放思想。在实践中，解放思想就是要做到一切从实际出发，不能从本本或是教条出发，要使我们的路

---

① 《毛泽东选集》第1卷，人民出版社1991年第2版，第115页。

线、方针、政策以及思想观念与社会主义初级阶段的基本国情、同社会主义市场经济的发展、与建成小康社会的目标一致,要做到与不断变化了的客观实际相符合。自觉从本本主义、形而上学的桎梏中解放出来。再次,解放思想与实事求是的基本目标是一致的。二者都是为了力求主观与客观的一致、思想和实际的符合以及理论与实践的统一,都是为了认识和解决实践中产生的问题。"解放思想,就是使思想和实际相符合,使主观和客观相符合,就是实事求是。今后,在一切工作中要真正坚持实事求是,就必须继续解放思想。"① 解放思想本身就是一种实事求是,实事求是的前提是解放思想,二者是有机统一的,总体布局的历史演进始终也遵循这一原则。

(二) 坚持和贯彻"与时俱进"

1. 与时俱进的科学含义

与时俱进中的"时"是指时间和时代,它是指在以自然时间作为现实衡量标准的前提下人们实际生活的过程,其实质和中心内容是作为主体的人改造物质世界的实践活动。"进"相对于退而言,是继承和发展的统一。与时俱进要求社会主义建设的各项事业要随着实践的发展和历史的进步而不断发展。

"与时俱进,就是党的全部理论和工作要体现时代性,把握规律性,富于创造性。"② 与时俱进中的体现时代性就是要求我们要学会善于抓住时代主题、把握好世界形势、关注全球问题等。规律是事物本质上的一种必然联系,把握规律性就是要求我们要学会把握时代发展的进程中的必然特征,富于创造性就是党的全部理论与实践工作要努力开拓创新。这些都要求我们要树立强烈的创新意识和不畏艰险的创新勇气,逐步培养创造性思维和创造性实践的本

---

① 《邓小平文选》第2卷,人民出版社1994年版,第364页。
② 《全面建设小康社会,开创中国特色社会主义事业新局面》,《人民日报》2002年11月8日第1版。

能。总体布局的历史演进本身就是一种与时俱进的表现。

2. 与时俱进的重要表征

与时俱进是马克思主义的理论品质之一,马克思主义在与中国具体实践相结合的过程就是其发展和与时俱进的体现。

第一,"与时俱进"包含着马克思主义的实践观。实践是人类活动的最基本特征,是唯物主义认识论的理论基础,理论来源于实践。理论不仅能够总结归纳实践活动的一般规律,还能在一定程度上指导实践。"与时俱进"这一范畴正是概括理论与实践辩证统一关系的重要体现。同时,理论随着实践的变化而变化,正如马克思、恩格斯所指出的,理论应该是发展的,要随着实践的变化而变化,是与时俱进的。要坚持科学的态度,努力达到主观与客观的统一。

第二,"与时俱进"蕴含了马克思主义的唯物辩证法。唯物辩证法认为,世界上的万事万物都处在普遍联系和无限发展之中。而"与时俱进"就是这种联系与发展的具体体现。马克思主义的科学性很重要的表现就是理论不仅要联系前人的科学理论,还要客观、真实地反映实践的发展要求和人民群众的需要。在实践中,列宁在吸收马克思、恩格斯科学思想成果的同时,也抓住现实实践,科学创立了著名的帝国主义论。毛泽东也经过艰辛探索,在继承前期科学思想理论的基础上,并把马克思主义与中国革命的具体实际相结合,运用丰富的哲学思想与理论积淀,创立了毛泽东思想的主体思想即新民主主义论。邓小平遵循与时俱进的规律与理论品质,适时提出了中国特色社会主义理论,总之,马克思主义的"与时俱进"正是联系与发展观点的相应体现。

第三,与时俱进的内核是创新。"创新是一个民族进步的灵魂,是一个国家兴旺发达的不竭动力。"[①] 如果我们缺失了与时俱

---

① 江泽民:《全面建设小康社会开创中国特色社会主义事业新局面——在中国共产党第十六次全国代表大会上的报告》,人民出版社2002年版,第12页。

进的创新精神，这个国家和民族就会失去前进与发展的精神动力和支撑，就会走向衰亡。理论创新是社会变革和进一步发展的最新导向，党和国家的全部理论和实践工作都要做到与时俱进，要格外重视理论创新。并努力将其转化为引导社会进步和发展的强大力量。

总之，要坚持和贯彻"与时俱进"的思想路线，并努力做到把理论与实践结合起来，让实践决定理论，让理论随着实践的发展而发展。总体布局的历史演进也始终体现与时俱进这一理论品质。

（三）科学把握"解放思想、实事求是，与时俱进"的有机统一

"解放思想、实事求是，与时俱进"的思想路线贯穿了总体布局历史演进的全过程和各个方面，是中国共产党长期坚持贯彻的思想路线，科学回答了社会主义建设事业理论与实践的关系问题。2002年11月，江泽民在党的十六大报告中明确提出，要坚持解放思想、实事求是和与时俱进的有机统一，这对于加强和改进党的建设，保持党的先进性具有重要现实意义。

解放思想是实事求是的内在要求和前提。人们只有在僵化、教条、保守的思想禁锢中解放出来才能更好地做到实事求是。改革开放以来，我们党之所以能够对社会主义的本质、发展道路、发展阶段、发展战略等问题做出正确判断，与解放思想息息相关，没有思想上的解放，就不会有建立社会主义市场经济体制、"一国两制"等重大决定的提出与成功实践。

实事求是是解放思想的目的和归宿。解放思想是为了研究新情况和解决新问题，这就需要做到理论联系实际，一切从实际出发，以实事求是作为自己的思想基础。并且与时俱进也是解放思想和实事求是的前提。与时俱进不仅是一种理论品质，它的存在也是一种精神状态，坚持与时俱进才能有宽阔的世界视野和历史眼光，才能更好地做到解放思想。实事求是的首要前提是从客观实际出发，现

第六章　中国特色社会主义总体布局历史演进的经验与启示

实实践是不以人的意志为转移和改变的,现实实际也是客观的、是不断变化和发展的。因此,在现实实践与实际中,我们要努力做到与时俱进,只有这样才能更好地达到实事求是的目标和要求。正因为中国共产党坚持与时俱进的精神状态,总体布局才能根据时代与现实的变化进行历史演进与发展。也正是因为有了解放思想、实事求是的思想路线,党才能进一步在思想上得到解放,使得总体布局的历史演进更加科学、规范。

二　总体布局的历史演进始终立足于解决改革开放和现代化建设的重大问题

在社会主义现代化建设的不同时期和不同阶段,解决改革开放和现代化建设的重大现实问题,既是总体布局历史演进的核心内容,也是总体布局得以演进的根本指向。

回顾总体布局的演进历程,可以看出总体布局的发展是用来解决社会主义建设中不同阶段的现实问题,其本身就是在回答时代课题,在解决时代和现实的问题中形成并演进。唯物史观认为,每个时代总有属于它自己的问题,"问题就是时代的口号,是它表现时代精神状态最实际的呼声"①。因此,在改革开放和现代化建设的不同发展阶段,面对各种重大现实问题,总体布局也会始终立足于解决这些问题而获得演进和发展。总体布局历史演进中既有新要素的增加,也有旧要素的重新整合与发展。在新旧要素的产生与发展中,总体布局有了演进的轨迹。

在经济建设上,建设中国特色社会主义经济,就是在社会主义条件下逐步建立、发展并完善市场经济体制,不断解放和发展生产力。1978年,根据高度集中的计划经济体制出现的弊端,党的十一届三中全会对我国的计划经济体制作了深刻分析,指出这

---

① 《马克思恩格斯全集》第40卷,人民出版社1982年版,第290页。

种体制的严重缺点就是权力过于集中。要大胆下放权力，按经济规律办事，重视价值规律的调节作用。通过对经济建设的长期探索，2013年，在党的十八届三中全会颁发的《中共中央关于全面深化改革若干重大问题的决定》中明确指出，要坚持市场在资源配置中起决定性作用。从"基础性作用"到"决定性作用"，真实反映了党对社会主义市场经济规律认识的深化。同时，新世纪新阶段，党对经济发展质量和效益的认识也在不断深化，国民经济发展不仅要有速度，也要有质量。在党的十七大提出促进国民经济又好又快发展的基础上，根据现实需要，党的十八大提出要推动经济持续健康发展的新要求，要更加注重发展的平衡性、协调性和可持续性。新时期党提出全面深化体制改革，实施创新驱动发展战略，推进经济结构战略性调整，推动城乡发展一体化等。总之，经济建设作为总体布局的重要组成部分也在根据现实问题不断地演进发展。

在政治建设上，改革开放以来，中国共产党坚持马克思主义的指导思想与具体国情相结合，深刻总结发展社会主义民主的正反两方面的经验教训，在坚持国家的一切权力属于人民的前提下，逐渐形成了中国特色社会主义政治理论，完善了中国特色社会主义政治制度。在政治建设的历程中，我们党始终坚持走中国特色社会主义政治发展道路，坚持人民民主专政，坚持党的领导、人民当家做主、依法治国的有机统一，坚持中国特色社会主义政治制度；努力建设法治国家；积极稳妥地推进政治体制改革。面对现代化建设中的新问题，党积极健全社会主义协商民主制度，进一步完善基层民主制度，深化行政体制改革，健全权力运行制约和监督体系等。使中国特色社会主义政治建设在改革开放和现代化建设的实践中不断获得提升与发展，是总体布局历史演进的重要内容。推进政治体制改革，加强政治文明建设的提出，使得总体布局向着"三位一体"的格局演进。

在文化建设上，坚持中国特色社会主义文化发展道路，努力建设社会主义文化强国,是我们党科学分析当前形势,立足于中国特色社会主义事业全局,进一步完善发展总体布局建设的重大战略任务。新世纪新阶段,党在文化建设上适时提出了走中国特色社会主义文化道路,就是以马克思列宁主义、毛泽东思想、邓小平理论、"三个代表"重要思想、科学发展观为指导,坚持社会主义先进文化的前进方向,以科学发展为主题,以建设社会主义核心价值体系为根本任务,以满足人民精神文化需求为出发点和落脚点,以改革创新为动力,发展面向现代化、面向世界、面向未来的,民族的科学的大众的社会主义文化,培养高度的文化自觉和文化自信,提高全民族文明素质,增强国家文化软实力,弘扬中华文化,努力建设社会主义文化强国。这既是对中国特色社会主义文化建设的诠释,也是对总体布局关于文化建设的概括与发展。

在社会建设上,20世纪70年代末80年代初,邓小平在规划中国经济社会发展蓝图时提出了"小康社会"的科学概念,随着社会主义现代化建设事业的不断推进,其内涵也得到丰富和发展。在20世纪末基本实现"小康"的前提下,党的十六大报告明确提出了"全面建设小康社会"的奋斗目标。之后,随着社会主义事业建设进入矛盾凸显期,各种社会问题与矛盾相继涌现。基于此,2006年十六届六中全会通过了《中共中央关于构建社会主义和谐社会若干重大问题的决议》,构建和谐社会的提出是实现全面建成小康社会的必然要求,也标志着总体布局向着"四位一体"的模式演进。

在生态文明建设上,生态文明建设是我国的必然选择,一方面我国人口众多,资源短缺,环境承载能力有限。另一方面经济社会发展的规律也决定了中国必须走生态文明发展道路。目前,我国经济每增长一个百分点,环境污染就增长约1.1个百分点,照这种情况发展下去,2020年,我国的环境污染将是2000年的4—5倍,某些地区的生态系统有可能崩溃、主要的资源有可能枯竭。面对现代化建设中环境危机的重大现实问题,2007年10月,党的十七大报告明确指出:"前进中还面临不少困难和问题,突出的是,经济增长的资源环境代价过大。"① 2012年11月，党在十八大报告中以独立篇幅系统论述了关于加强生态文明建设的重要性、方针、措施等，真正把生态文明建设与经济建设、政治建设、文化建设、社会建设并列作为社会主义现代化建设事业的主要内容，共同构成了"五位一体"的总体布局。

总之，为了解决改革开放和现代化建设的重大问题，总体布局会相应地增加新要素，整合旧要素。新要素将成为当时最迫切和备受关注的热点问题。而旧要素也会根据客观环境如时代背景、国情、社会等的变化而重新加工整合。因此，旧要素也存在演进的问题。因此，为了更好地把握总体布局的历史演进，我们要认清改革开放与现代化建设的重大现实问题，努力做到主观符合客观。

三 总体布局的历史演进始终把经济建设作为党的中心任务

改革开放近40年来，党始终紧紧抓住"什么是社会主义，怎样建设社会主义"的问题展开长期艰辛的探索。这个过程经历了从以发展计划经济为主到建立社会主义市场经济的过程，国民经济经历了持续快速健康发展到又好又快发展的转变。自从十一届三中全会明确提出把党的工作重心转移到经济建设上来的历史任务以来，大力发展生产力，"以经济建设为中心"就成为中国特色社会主义事业建设的历史起点，其他各项事业都要服从和服务于这一中心。

（一）加强经济建设的重要性和必要性

生产力是社会存在和发展的最一般条件，是社会发展的决定性力量。我们当前的根本任务和目的就是解放生产力和发展生产力。

---

① 胡锦涛：《高举中国特色社会主义伟大旗帜，为夺取全面建设小康社会新胜利而奋斗——在中国共产党第十七次全国代表大会上的报告》，人民出版社2007年版，第5页。

要实现这一任务和目标必须坚定不移地坚持并贯彻"以经济建设为中心"的历史任务。目前,进入"我国仍有大作为的重要战略机遇期","以经济建设为中心是兴国之要,发展仍是解决我国所有问题的关键"①。我国社会主义建设进入新时期,还要继续坚定不移地坚持"以经济建设为中心"的历史任务。进入21世纪后,国际国内形势发生了深刻变化,虽然中国共产党面临新挑战与新课题,但是"以经济建设为中心"是不容动摇的。

从国际来看,世界各国经济联系日益增强,相互依赖程度逐渐提高,并且各国国内经济规则逐步趋于一致。经济全球化形势加速了国际经济协调机制的强化,各种多边或区域组织对世界经济的协调和约束作用也越来越强。对于发展中国家来说,经济全球化存在冲击其国内市场的潜在风险,使得本国民族经济面临较大的压力和挑战,最终可能导致全球经济发展不平衡,进一步扩大发展中国家与发达国家之间的收入差距,甚至会威胁到发展中国家的经济安全,造成发展中国家的主权和国际地位受到冲击和削弱,使发展中国家在政治、经济发展上更加依赖于发达国家。对于中国来说,如果能勇于挑战并抓住经济全球化的机遇,充分利用经济全球化进程中各种生产要素在全球流动配置的有利时机,并努力优化本国经济结构和经济资源,就一定会拉动经济发展和科技进步。我们只能继续深化改革开放,加快发展步伐,坚定不移地坚持"以经济建设为中心"不动摇。

从国内来看,我国经济呈现平稳较快发展,综合国力有了大幅提升,财政收入也大大增加。在农业综合生产能力提高的基础上,农村综合改革,城镇化水平也有了明显提高,城乡区域的协调性发展明显增强。国有企业改革不断深化,非公有制经济得到健康发展。人民生活总体水平得到明显提高。最终,量变积累到一定程度

---

① 胡锦涛:《坚定不移沿着中国特色社会主义道路前进,为全面建成小康社会而奋斗——在中国共产党第十八次全国代表大会上的报告》,人民出版社2012年版,第19页。

必然达到质的转变，我国经济总量已跃居世界第二位，社会的生产力水平、经济总实力都得到了重要提升。这些都为全面建成小康社会、实现中华民族伟大复兴的中国梦打下坚实基础。

虽然我国经济建设取得重大成就，但是"以经济建设为中心"这一历史任务的实现绝不可能短期实现，这是一个需要长期积累的重要历史任务。具体来说我国在新时期的经济建设过程中仍然存在这样那样的问题。比如，发展中的不平衡、不协调、不可持续问题仍然凸显，产业结构还不够合理，资源环境的制约力加剧，阻碍科学发展的体制机制繁冗，继续深化改革开放、转变经济发展方式任务仍然艰巨，城乡区域发展仍欠协调，社会矛盾也明显增多等。因此，2013年3月，习近平总书记指出，要坚持以经济建设为中心，不断夯实实现中国梦的物质文化基础。

（二）加强经济建设的现实路径

目前，我们党用实际行动诠释了坚定不移地坚持"以经济建设为中心"的历史任务。2013年8月，习近平总书记在全国宣传思想工作会议上进一步强调了"只要国内外大势没有发生根本变化，坚持以经济建设为中心就不能也不应该改变。这是坚持党的基本路线100年不动摇的根本要求，也是解决当代中国一切问题的根本要求"。

1. 加快转变经济发展方式

加快转变经济发展方式，尽快形成新的经济发展方式，是适应全球需求结构重大变化、提升我国经济国际竞争力和抵御风险能力的必然要求。2008年由美国次贷危机引发的国际金融危机深刻影响着世界的经济格局，对我国经济的发展也带来前所未有的影响和挑战。也深刻暴露了我国不合理的经济发展方式、过度依赖外需的经济增长结构，必须加快转变经济发展方式，这也是坚持和贯彻科学发展观的基本要求。2010年，在党的十七届五中全会制定的"十二五"规划中，在转变经济发展方式前面加上了"加快"二字,不仅提出了加快转变经济发展方式的战略任务,并且暗含了"十二五"时期必须要实现经济发展方式实质性转变的紧迫性。2012年11月,党的十八大报告再一次指出,要"加快转变经济发展方式","以科学发展为主题,以加快转变经济发展方式为主线,是关系我国发展全局的战略抉择。"[1] 加快转变经济发展方式,不仅关系到我国经济能否可持续发展,也关系到能否实现民族复兴的中国梦,是中国现代化发展全局性的战略选择。

转变经济发展方式的根本动力是全面深化改革。党的十八大以来,中国共产党仍然把解放和发展社会生产力作为中国特色社会主义的根本任务,始终坚持"以经济建设为中心",以科学发展为主题,以全面协调可持续的科学发展为准绳。以高度的政治敏锐性和眼光做出了"我国发展仍处于可以大有作为的重要战略机遇期"的科学判断,大大提高了党和人民共同致力于经济建设的信心和勇气。在这一重要战略机遇期,中国共产党适时提出了全面深化经济体制改革的重要任务,并认为深化改革是加快经济发展方式转变的关键。要大力推进重要领域和关键环节的改革,促进各类市场主体发展活力和创新潜能得到充分发挥。

实施创新驱动发展战略,即依靠科技创新提高社会生产力和综合国力。用全球视野谋划和推动创新,努力提高创新对经济增长的贡献率,促进经济发展由主要依靠资金向主要依靠科技进步和人力资本转变。进一步强化创新驱动教育、人才培养和科技教育。

推进经济结构战略性调整。这也是转变经济发展方式的主要目标,要进一步改革制约经济持续健康发展的重大结构性问题。还要加快推进产业结构优化升级,加快发展战略性新兴产业,提高产业的综合竞争力。同时,还要推进城乡一体化。要把推进城乡一体化,统筹城乡发展与大力推进农业现代化,加快社会主义新农村建

---

[1] 胡锦涛:《坚定不移沿着中国特色社会主义道路前进,为全面建成小康社会而奋斗》,人民出版社2012年版,第20页。

设相结合，完善农村发展体制机制。积极推进城镇化建设，刺激城镇化建设中的内需潜力，进一步推进城乡一体化的有效发展。

2. 积极发挥市场在资源配置中的决定性作用

在市场经济的完善与发展中，既要充分发挥政府的积极引导作用，更重要的是使市场在资源配置中发挥决定性作用。对此，党的十八届三中全会进一步提出"紧紧围绕使市场在资源配置中起决定性作用。深化经济体制改革"①。当前，要积极发挥市场在资源配置中的决定性作用，必须要做到厘清政府与市场的关系问题。

第一，优化政府的宏观调控职能。宏观调控职能优化的最大表现在于要逐步实现放松管制与宏观稳定的内在统一。管理方面仍然要继续保持财政政策和货币政策的有效实施，要把握好企业部门、银行部门和利率体系三个关键性环节。厘清宏观调控职能与微观规制职能之间的边界。不能简单机械地把微观规制归入政府宏观调控的职能范围之内，宏观调控政策的实施主要以经济手段为主，通过调节经济政策来调整和约束微观经济主体的行为，然后达到宏观经济的平衡。而微观政策的实施主要通过微观经济主体的行为达到矫正市场缺陷的目的，对于市场调整的强制与干预更加直接。

第二，弱化政府直接参与微观经济活动的行为。近年来，随着发展理念的更新，政府的公共服务职能一定程度上得到了强化。政府对于直接参与经济建设表现出极大的热情。比如，渗入微观经济领域并直接参与经济工作，直接进行招商引资、直接进行土地经营等行为，都表现出强烈的公司化特征。最终混淆了政府与市场行为权限的边界，在微观经济活动领域造成过大的行政渗透和扭曲。虽然在经济尚不发达阶段，政府可以对经济的发展进行因势利导，但绝不意味着这种行为可以过度甚至发挥主导作用。要牢记企业和人民才是创造财富的主体，政府所有行为的出发点应该是最大限度地

---

① 《中共中央关于全面深化改革若干重大问题的决定》，《人民日报》2013年11月16日第1版。

调动微观主体的积极性，保障其公共服务的有效供给，优化其运营环境。

3. 建立扩大消费需求的长效机制

目前，中国经济的发展很大程度上要靠消费来拉动。但是，居民消费率始终较低，成为制约经济发展的瓶颈因素。所以，必须建立扩大消费需求的长效机制。首先，要完善收入分配制度。争取从整体上增加居民收入，提高初次分配中劳动力的分配比重，大幅提高中低收入者的收入水平。其次，努力增加就业创业机会。就业是民生之本，要完善就业、创业的各项体制机制，要重视资金支持、舆论导向、政策倾向、项目赞助等工作。再次，加大政府在改善民生、社会事业方面的财政支出。加大对教育、医疗、社会保障等方面的财政投入。最后，促进消费结构升级。要支持和鼓励绿色消费、健康消费、文化消费和生产消费等，促进产业结构优化升级。

在此基础上，为了更好地坚持"以经济建设为中心"，完成全面深化改革的战略任务。2013年11月，党的十八届三中全会提出了全面深化改革的总目标。要在总目标的科学指导下，加大能够拉动消费需求的机制改革与创新，努力做好扩大消费需求长效机制的工作任务。

四 总体布局的历史演进始终体现人民群众的主体性作用

总体布局的历史演进始终体现着人民群众的主体性作用。人民群众是历史的创造者，是社会发展和社会主义现代化战略布局的主体性推动者。能否充分发挥人民群众的主体性作用是总体布局能否成功演进的试金石。

（一）人民群众和人民群众主体性的科学含义

人民群众是一个重要的社会历史范畴，指一切对社会历史起推动作用的人们。历史唯物主义认为，人民群众是历史的创造者。一切社会活动都是人的活动，没有人就不会有任何社会活动。"人的本质不是单个人所固有的抽象物，在其现实性上，它是一切社会关系的总和。"① 社会就是人的社会。从社会存在决定社会意识的基本观点出发，认为人类社会是由社会生产力所决定的自然历史过程，而生产力中的首要因素就是人民群众。所以，人民群众是推进历史前进的决定性力量，也必然在总体布局的历史演进中发挥主体性作用。

一方面，人民群众是这一进程中社会物质财富的创造者。物质资料的生产是社会存在和发展的基础，总体布局的历史演进归根结底要以社会物质财富为基础和动力。而人民群众就是这种社会物质财富的生产者与创造者。另一方面，群众是社会精神财富的创造者。人民群众的生活和实践活动是一切精神财富的源泉，无论是自然科学、社会科学还是文学、艺术等无一不是来源于人民群众的生活和实践活动。这些反映在意识形态领域的成就都为总体布局的历史演进提供了精神动力和智力支持。因此，要"高度重视群众工作，坚持人民主体地位"，总体布局在历史演进过程中也必须充分发挥人民群众的伟大作用。

马克思的人民群众主体性思想建立在唯物史观的基础上，是马克思主义哲学思想的重要组成部分。人民群众的主体性是指人民群众在创造历史的实践活动中充分发挥其自觉能动性、自为性、自主性和创造性。在总体布局历史演进的实践中人民群众通过物质生产实践和交往实践等的交互作用与影响，使其自觉能动性等在劳动实践中得到充分发挥，大大推动了总体布局历史演进的进程。

（二）人民群众主体性建构的途径

马克思主义以历史唯物主义高度赞扬人的主体性，并充分认识

---

① 《马克思恩格斯选集》第 1 卷，人民出版社 1995 年版，第 60 页。

到了人民群众在历史发展中的伟大作用。因此，既要尊重客观历史发展规律也要通过各种途径积极发挥人民群众的主体性作用。

1. 充分尊重人民群众的主体地位

群众观点科学阐释了人民群众是历史的创造者，是历史唯物主义的基本观点。我们一定要尊重群众的主体性地位，大力发挥人民群众对于总体布局的重要推动作用。

我国目前经济基础方面仍然相对薄弱，生产力还不够强大，自主创新能力不强，粗放型的经济增长付出了过大的生态代价。社会主义经济体制不够完善，有着体制机制上的结构性障碍，收入差距较大，城乡二元结构特征较为明显。商品经济还不够发达，上层建筑的构建还存在一些问题，国际国内两种资源还尚需充分发挥。民主法制建设滞后于扩大人民民主和经济社会的发展要求，政治体制的改革有待于进一步完善和发展。文化建设的总体水平和社会发展也滞后于当前经济的发展。我们必须重视发挥人民群众的主体性，充分尊重人民群众的主体性作用。积极发挥他们在清除封建社会腐朽思想的残余，抵御资本主义陈腐文化的侵入的强大控制作用。

2. 提高人民群众主体自身的素质

人的自身素质是造成不同主体差异的一个重要原因。人的自身素质是一个人自身包括身体状况、精神心理的健康程度，以及个人的思想文化程度等的既集中又具体的表现。人民群众主体自身素质的提高与社会历史的发展进步和社会主义事业建设息息相关，能否切实提高人民群众主体自身的素质直接决定着总体布局的历史演进是否顺利进行。人的自身素质包括先天素质和后天环境的培养与生成的状态。先天素质和后天的培养集中体现在个体自身时，情况也大有不同，因为对于先天或是后天影响的程度每个人是不同的。有些人经过后天的培养和塑造，其自身素质的成分中关于先天素质的影响减弱，因此显示出与先天不同的素质状态。因此，人民群众主体的素质完全可以从后天的积极培养与锻炼中得到很好的提升，并且达到弱化先天不足影响的良好效果。

第一，必须加强思想政治素质建设。思想政治素质包括人自身的思想状况、政治理念、道德观念等。我们要实现中华民族复兴的共同理想，就必须努力学习并树立正确的政治信念和理念。只有这样才能始终保持正确坚定的政治方向，才能真正为实现国民的共同理想而奋斗。

第二，必须提高科学文化素质。人类社会在发展过程中，科学作为一种知识形态是推动社会进步发展的无形力量，科学的发展引起社会知识结构的良性变化，它在扩大知识分子数量和提高知识分子质量上做出巨大贡献。并且国民文化素质的提高是整个中华民族发展进步的强大精神动力，有利于推动国家和社会的发展进步。邓小平就此指出："我们国家，国力的强弱，经济发展后劲的大小，越来越取决于劳动者的素质，取决于知识分子的数量和质量。"[①]所以，在社会主义条件下，要努力推动科学精神和人文精神的有机统一，不断提高人的主体性意识。科学技术是推动当前社会进步与发展的最重要的推动力量，科学技术不但是第一生产力，而且还是意识领域中引导人们树立正确的理念与价值观，杜绝封建迷信与不良思想的强大精神武器。科技能够最有力地提高人们的思想文化素质和科学文化素质。必须要依靠科技进步和主体科学文化素质的提高争取创造一个人与自然在更高水平上的现代文明。因此，必须提高人民群众主体自身的科学文化素质。

第三，必须提高人民群众主体自身的身体素质和心理素质。身体素质是其他一切素质的物质载体，是个人全面发展的物质基础。身体素质包括人体的生长发育情况、体质强弱和寿命的长短等。这对一个国家和民族的长远发展具有重要意义。心理素质是在先天身体素质的基础上，经过后天一定的环境与教育的影响下逐步形成的。心理素质包括人的认识能力、情绪和情感品质、意志力、气质和性格等诸多个性品质。强烈、健康、积极、高尚的心理素质，可

---

① 《邓小平文选》第3卷，人民出版社1993年版，第120页。

以激励人们坚持不懈、努力实现理想和追求。坚定、顽强的意志力能赋予人们坚忍不拔的气魄和胆识，最终实现成功探索。良好的心理素质能够引导人们更好地融入社会，更好地投身于社会主义建设的伟大实践中。所以，在社会主义现代化建设的实践中、在总体布局的建设与演进中要充分重视提高人民群众主体自身的身体素质和心理素质。

另外，总体布局历史演进的过程中除了要充分发挥人民群众的主体性作用，最重要的还要始终坚持中国共产党的领导，这既是总体布局历史演进的重要规律，也是总体布局历史演进的基本经验和重要启示。总之，总体布局的历史演进是一个动态的、与时俱进的发展过程，具有开放性和包容性的特征。为了适应不断变化发展的客观实际，总体布局必然会客观上要求不断突破原有的框架和体系，获得更加科学的历史发展与历史演进。对在其历史演进轨迹中所折射出的理论形态、规律及其内在逻辑关系，以及对其基本经验和启示的概括与提炼，既是中国共产党带领中国人民实现中华民族伟大复兴中国梦的鲜明体现和有力凭证，也是我们党充分发挥其领导作用、科学执政的重要资政，对于社会主义现代化建设事业具有重要借鉴意义。

五　总体布局的历史演进始终要求加强马克思主义的宣传与教育

加强马克思主义理论的宣传与教育，既是马克思主义中国化的重要途径和宝贵经验，也是总体布局历史演进的重要经验和启示。

（一）加强马克思主义宣传与教育的重要性

以毛泽东为代表的中国共产党人正确运用马克思主义理论，科学解析近代中国半殖民地半封建的社会问题，探索出了中国革命和建设的科学的理论原则和经验总结。实现了马克思主义基本原理与中国具体实际相结合的历史任务。最终形成了指导中国革命和建设的重大理论成果，是对马克思列宁主义的继承和发展。以邓小平为核心的中国共产党人，把马克思主义的基本原理同中国的具体实际相结合，正确总结了新中国成立以来党在革命和建设中的历史经验和教训，第一次比较系统地概括了在中国这样经济文化比较落后的国家建设社会主义首先必须坚持物质文明建设与精神文明建设两手抓的总体布局，这是对毛泽东思想的继承与发展。

"三位一体"的总体布局在前期的基础上，进一步回答"什么是社会主义、怎样建设社会主义"的问题，深化了中国共产党对中国特色社会主义的认识。以政治建设、经济建设、文化建设、社会建设为组成部分的"四位一体"的总体布局是与"三位一体"总体布局既一脉相承，又与时俱进的重要成果。同样，生态文明建设的增加，标志着"五位一体"总体布局的最终形成。总体布局的历史演进很大程度上得益于对马克思主义的宣传与教育，而马克思主义只有与中国的具体实际紧密结合，并逐渐内化于人们的精神层面，才能更好地实现马克思主义的中国化、大众化，才能更好地推动总体布局的历史演进。

因此，要努力做到加强马克思主义的宣传和教育。"大力推进理论创新，不断赋予当代中国马克思主义鲜明的实践特色、民族特色、时代特色。开展中国特色社会主义理论体系宣传普及活动，推动当代中国马克思主义大众化。"[①] 加强对马克思主义理论的宣传与教育、推进马克思主义大众化是一项艰巨又复杂的重大任务，必须从多层次、多路径、全方位考虑。最终要争取把马克思主义理论最大限度地渗透和贯穿于社会生活的各个领域和环节中，要把马克思主义的理论威力和话语优势转化成人们共有的精神信念和自觉追求。

---

① 胡锦涛：《高举中国特色社会主义伟大旗帜为夺取全面建设小康社会新胜利而奋斗，在中国共产党第十七次全国代表大会上的报告》，人民出版社2007年版，第34页。

(二)　加强马克思主义宣传与教育的主要途径

第一,要重视理论灌输的极端重要性。马克思主义作为意识形态层面的思想理论,很难自发地转化为人民群众的自觉意识和行动,必须通过理论灌输才能内化于人们的意识形态领域,并外化于人们的自觉追求与实践活动。列宁强调:"没有革命的理论,就不会有革命的运动。"[①] 当前,在我国要高度重视对马克思主义理论的灌输,要花大力气引导人民群众正确理解并把握中国化的马克思主义,即加强对民众中国特色社会主义理论体系的教育与灌输。尤其是当前要加大对民众关于中国梦、"四个全面"等习近平总书记重要讲话的宣传与教育,鼓励群众积极学习掌握习近平总书记系列讲话的重要精神。这是目前我们进行社会主义建设的共同思想基础。当前,提高理论灌输的首要任务就是要让人们牢固树立辩证唯物主义世界观和方法论,系统掌握中国特色社会主义理论体系。

第二,要始终坚持中国共产党是推动马克思主义中国化、时代化、大众化的领导核心。共产党作为最先进的政党是马克思主义理论得以发展的最坚决、最彻底的领导力量。同时,共产党在理论方面也是掌握着无产阶级的产生以及发展的科学指导思想。新世纪新阶段,为了进一步巩固党的理论宣传和教育的核心地位,以习近平为核心的党中央十分重视关于加强党的马克思主义理论教育问题。他认为,要切实贯彻党的十八大提出的"坚定理想信念,坚守共产党人精神追求"的重要思想和"全面提高党的建设科学化水平"的重大战略,要把教育并建设"学习型、服务型、创新型的马克思主义执政党"作为党内马克思主义理论宣传和教育的首要任务。要进一步重视对党的发展历史的宣传与教育,党史是我们党产生、发展以及进行社会主义革命与建设的史料集合,中国共产党必须学习了解党史,要充分把党史教育同建设学习型政党有机结合,坚定广

[①] 《列宁选集》第 1 卷,人民出版社 1995 年版,第 153 页。

大共产党员对马克思主义的信念。马克思主义是我们革命和建设的科学指导思想,中国共产党作为执政党和领导核心必须积极努力学习马克思主义。最后,还要学习马克思主义中国化的最新成果,并不断推进实践基础上的理论创新。

第三,要明确马克思主义理论宣传和教育的客体。马克思主义理论的宣传和教育是一项复杂长远的社会实践活动,在这一过程中一定要明确教育的客体。要结合中国改革和建设的具体实际,科学把握和准确区分来自不同社会阶层和不同群体的教育对象在社会发展中所发挥的不同作用和他们思想上的独立性、差异性和多样性,应该说不只是广大党员干部群体是马克思主义宣传和教育的客体,包括工人、农民、青年尤其是广大学生群体都应是马克思主义的受众对象。并且还要注意把理论教育贯穿和渗透到军队、农村、企业和社区等社会各个层面,以此提升教育的重点性和层次性。同时,还要突出强调马克思主义理论教育的全民性、普遍性,来进一步提高马克思主义的宣传与教育力度。

首先,要以党员干部作为马克思主义理论宣传和教育的重点对象。中国共产党从成立时,就已经将马克思列宁主义作为党的指导思想,十分重视运用马克思列宁主义理论来教育、武装全党,并努力提升党员干部的理论素养。始终坚持把广大党员尤其是各级领导干部作为教育的重点对象,不断强化党内马克思主义理论教育,切实提升党员干部对社会主义、共产主义的理想信念和忠诚态度,这既是民主革命和社会主义革命和建设时期我们党进行马克思主义理论教育的重点环节,也是党的光荣传统、政治优势和宝贵经验。因此,必须切实加强对党员干部的理论宣传和教育工作。

其次,要加强对青少年尤其是大学生的马克思主义理论宣传和教育工作。青少年尤其是大学生是我们党建设社会主义事业的生力军、继承者和接班人,是国家、民族兴旺发达和繁荣昌盛的未来和希望。他们的思想信念和政治理念状况在很大程度上决定了中华民族的未来和命运。因此,2006年10月,胡锦涛在党的十六届六中全会上明确指出:"要从赢得青年、赢得未来的高度,抓好大学生的理论学习,在广大青年中培养一大批坚定的马克思主义者",要始终把广大青年学生作为马克思主义理论宣传和教育的重点对象。加强对广大青少年尤其是大学生的马克思主义理论宣传和教育,是引导和教育他们树立坚定的马克思主义信仰和社会主义理想的重要保证。

再次,马克思主义的宣传与教育要努力渗透到城镇、农村、企业等社会各个领域。马克思主义理论的宣传与教育离不开坚实的群众基础,这一理论作为科学的思想体系只有广泛辐射和渗透到社会的各领域、各阶层和各团体才能真正被广大人民群众所认可、接受并掌握,才能真正成为广大人民群众认识世界和改造世界的强大理论武器,逐步在实践中发挥科学的指导作用,所以在高度重视和大力做好党员干部的马克思主义理论教育以及促进青年学生成为马克思主义更好的受众对象之时,还要尽可能地扩大马克思主义基本原理宣传与教育的渗透和辐射影响范围,扩大受众群体,要把城镇、农村、企业等社会各领域归入到马克思主义基本原理的宣传与教育的对象中,努力使马克思主义基本原理的宣传和教育工作的受众群体呈现广泛化、普遍化、大众化,使马克思主义从"官学"走向"民学",最终使马克思主义理论成为国民普遍信仰和认同的真理。

最后,要充分发挥新闻媒体及网络的舆论导向作用。新闻媒体及网络向来是政治信息资源集散和宣传教育的重要载体,在马克思主义宣传与教育的过程中发挥着举足轻重的作用。必须充分发挥各级各类媒体的作用,使电台、电视、党报和党刊成为舆论导向的主力军,还要进一步加强网络传播的作用,通过建设网上传播战线、网络理论学习、红色网站等传播途径引导网络舆论,也要发挥微信、微博等新媒体的宣传引导作用。同时,还要避免各种外来文化的不良冲击,在社会主义建设的新时期,我们更应该努力做好维护马克思主义在意识形态层面的引领地位,进一步推进马克思主义的宣传与教育。

基于此，中国共产党十分重视发挥新闻媒体等对马克思主义理论宣传和教育的舆论导向作用。改革开放初期，邓小平曾强调，广播、电视宣传马克思列宁主义的正确性，还要充分呼吁主流媒体加强对马克思主义理论的宣传和教育，把马克思主义的理论发展同当今时代的主题与特征紧密结合。新闻作为一种现代化信息传输的便捷工具，具有传播快、见效快、更新快等特征，是目前广大群众所喜爱的、普遍的受众工具，是一种主流媒体来源。"舆论导向正确，人心凝聚，精神振奋；舆论导向失误，后果严重。"① 新闻舆论可以说是推进马克思主义中国化、时代化、大众化的无形的主阵地，发挥着重要作用。一定要充分发挥主流媒体的强大宣传受众功能。习近平总书记也高度重视充分发挥舆论导向在宣传和普及马克思主义理论中的独特作用，他进一步强调，要积极采取多种途径与宣传方式，可以通过发行相关读物、创作文艺作品等多种方式手段，进一步加强对广大党员干部、普通群众和青年学生进行理论方面的宣传和教育，使中国特色社会主义理论体系真正为广大群众所理解并掌握。因此，要加强马克思主义的宣传与教育，还要充分发挥新闻媒体及网络的舆论导向作用。

总之，中国特色社会主义总体布局的历史演进要始终加强马克思主义的宣传与教育，这是总体布局历史演进的重要历史经验和现实启示。

---

① 中共中央文献研究室：《十四大以来重要文献选编》上，人民出版社 1996 年版，第 653 页。

结束语

总之,通过以上对中国特色社会主义总体布局的形成与历史演进的有关问题进行相对科学的整体性的分析后发现,随着时代特征、国情和人民群众需要的变化,总体布局也会不断处于动态发展与调整状态中,为了更科学地认识并全面把握总体布局的历史演进,还需要进一步认识和理解以下几个问题。

一 科学把握"五位一体"总体布局内部各要素之间的关系

"五位一体"的"总体布局"中,五大建设是一个有机整体,既相互联系、相互作用又有各自特殊的领域和运行规律,并且各为生长点在总体布局这个整体下呈良性发展。具体说来,经济建设是前提,为政治建设、文化建设、社会建设提供雄厚的物质基础。政治建设是根本,为其他建设提供制度保障;文化建设是灵魂,为其他建设提供精神动力和智力支持;社会建设是纽带,为其他建设提供稳定的社会环境和运行平台。生态文明建设又是经济建设、政治建设、文化建设、社会建设四大建设的基础。对于人类社会发展而言,政治建设、文化建设、社会建设、生态建设的发展,归根到底都要受到经济建设发展水平的制约。未来"总体布局"的实践发展与理论研究的规律和方向:一是随着社会历史发展,"总体布局"内部还要增加哪些新的要素,用以成为其他各要素新的生长点;二是构成"总体布局"内部各系统要素之间如何形成互相支撑、互相促进的良性作用机制，改变当时可能存在的几个领域间协调性差、互利互补程度较低的现状。

二 正确厘清党的建设与总体布局的关系

进入新世纪新阶段，伴随中国市场经济和社会的继续发展，中国特色社会主义事业也进入改革发展的深水区，特别是执政党自身面临着时代、国家、社会和人民赋予的重大考验。为此，2013年10月29日，中共中央召开政治局会议着重强调，改革开放以来，中国共产党作为执政党，带领中国人民和中华民族锐意进取，以其巨大的理论勇气和政治勇气在中国社会主义经济、政治、文化、社会等方面的建设都取得了巨大成功，其成就也是举世瞩目的。这是党首次将党的建设与经济建设、政治建设、文化建设、社会建设、生态文明建设并列提出。同年11月，习近平总书记在党的十八届三中全会中再一次明确提出要全面推进我国的"经济建设、政治建设、文化建设、社会建设、生态文明建设，全面推进党的建设新的伟大工程"[1]。党的建设再一次作为全党共识与总体布局的五大构成要素并列提出，可以说，未来总体布局的演进与发展也会纳入党的建设这一重要内容，这是以习近平为核心的党中央的重大理论创新和科学预见。总体布局六大构成要素相辅相成、相得益彰，必然共同致力于中国特色社会主义建设事业的健康发展。

三 充分理解"四个全面"与总体布局的关系

党的十八大以来，习近平总书记在治国理政的实践中逐步形成

---

[1] 《中共中央关于全面深化改革若干重大问题的决定》，《人民日报》2013年11月16日第1版。

并提出"全面建成小康社会、全面深化改革、全面依法治国、全面从严治党"的"四个全面"的战略思想和战略布局,这是以习近平为核心的党中央坚持和发展中国特色社会主义现代化建设事业进程中的重大理论创造,同时也是马克思主义与当前世界的时代主题、与中国的具体国情紧密结合的最新理论成果。

"四个全面"是对马克思主义中国化的又一次理论创新。中国共产党是一个富于理论创新的马克思主义政党。建党90多年来,中国共产党在领导人民进行革命、建设和改革的历史进程中成功实现了两次历史性的飞跃,两次飞跃都做到了科学推进马克思主义中国化的历史进程,期间产生的理论成果是被中国化了的马克思主义。应该说,"四个全面"从属于中国特色社会主义理论体系中,是对这一理论成果的新发展与新创造,也是马克思主义中国化的最新理论成果。"四个全面"虽然只有四句话,但却是党的十八大以来习近平系列讲话精神的总概括,它在思想路线、总依据、总任务、总布局、发展动力、领导核心等方面都是马克思主义中国化的最新成果。

中国特色社会主义总体布局从时代主题的变化与国情发展的具体实际出发,对社会主义建设事业做出了宏观的、多位一体的,具有整体性、全局性的战略部署。目前已经形成"五位一体"的总体布局,其中包括经济建设、政治建设、文化建设、社会建设、生态文明建设共同发展的历史阶段。

总体布局与"四个全面"是相互联系、相辅相成的。"四个全面"既是对总体布局的深化与拓展,也是对总体布局具体内容的点睛之作。而总体布局既是对"四个全面"的细化与分类,也是对"四个全面"具体内容的概括与整合。二者内容互为前提与要件,互相交织和推动。并且共同统一于实现中华民族伟大复兴的中国梦中。党的十八大以后,习近平提出并多次阐述了中国梦战略思想,其核心内容就是国家富强、民族振兴、人民幸福。中国梦把中华民族近代以来的历史命运与我们的战略任务结合起来,实现中国梦必须要做到坚定不移地走中国道路、积极充分发扬中国精神，还要努力凝聚中国力量。"四个全面"战略思想是中国梦思想的具体化、条理化。总体布局是实现中国梦的重要路径，贯彻落实"四个全面"战略思想和总体布局的重要方针，不仅有利于加快推进全面小康社会的建成，而且也为进一步实现"两个一百年"的奋斗目标和中华民族伟大复兴的中国梦奠定了坚实的基础。

参考文献

一　马克思主义经典著作

1. 《马克思恩格斯选集》第 3 卷，人民出版社 1995 年版。
2. 《马克思恩格斯全集》第 12 卷，人民出版社 1962 年版。
3. 《马克思恩格斯全集》第 23 卷，人民出版社 1972 年版。
4. 《马克思恩格斯全集》第 42 卷，人民出版社 1979 年版。
5. 《马克思恩格斯选集》第 1 卷，人民出版社 1972 年版。
6. 《马克思恩格斯选集》第 1 卷，人民出版社 1995 年版。
7. 《马克思恩格斯文集》第 2 卷，人民出版社 2009 年版。
8. 恩格斯：《自然辩证法》，人民出版社 1984 年版。
9. 《列宁全集》第 16 卷，人民出版社 1988 年版。
10. 《列宁全集》第 36 卷，人民出版社 1985 年版。
11. 《列宁全集》第 41 卷，人民出版社 1986 年版。
12. 《列宁全集》第 52 卷，人民出版社 1988 年版。
13. 《列宁全集》第 55 卷，人民出版社 1990 年版。
14. 《列宁选集》第 1 卷，人民出版社 1995 年版。
15. 《列宁专题文集论社会主义》，人民出版社 2009 年版。

二　领袖著作与党的文献

1. 《毛泽东选集》第 2 卷，人民出版社 1991 年版。
2. 《毛泽东选集》第 3 卷，人民出版社 1991 年版。
3. 《毛泽东选集》第 4 卷，人民出版社 1991 年版。

4. 《毛泽东文集》第 3、6、7、8 卷，人民出版社 1999 年版。

5. 《毛泽东著作选读》下册，人民出版社 1986 年版。

6. 《毛泽东文艺论集》，人民出版社 2002 年版。

7. 《建国以来毛泽东文稿》第 7 册，中央文献出版社 1992 年版。

8. 《建国以来毛泽东文稿》第 10 册，中央文献出版社 1996 年版。

9. 《周恩来选集》下卷，人民出版社 1984 年版。

10. 《周恩来经济文选》，中央文献出版社 1993 年版。

11. 《邓小平文选》第 1、2 卷，人民出版社 1994 年版。

12. 《邓小平文选》第 3 卷，人民出版社 1993 年版。

13. 《刘少奇选集》上卷，人民出版社 1981 年版。

14. 《刘少奇选集》下卷，人民出版社 1985 年版。

15. 《陈云文选》第 2 卷，人民出版社 1995 年版。

16. 《张闻天选集》，人民出版社 1985 年版。

17. 孙中山：《三民主义》，岳麓书社 2000 年版。

18. 《江泽民文选》第 1—3 卷，人民出版社 2006 年版。

19. 《中共中央关于全面推进依法治国若干重大问题的决定（辅导读本）》，人民出版社 2014 年版。

20. 中央文献研究室：《毛泽东年谱》中，中共中央文献出版社 1993 年版。

21. 中央档案馆：《中共中央文件选集（1939—1940）》12，中共中央党校出版社 1991 年版。

22. 中央档案馆：《中共中央文件选集》11，中共中央党校出版社 1986 年版。

23. 中共中央文献研究室：《建国以来重要文献选编》第 1 册，中央文献出版社 1992 年版。

24. 中共中央文献研究室：《建国以来重要文献选编》第 5 册，中央文献出版社 1993 年版。

25. 中共中央文献研究室：《三中全会以来重要文献选编》上、下，人民出版社 1982 年版。

26. 中共中央文献研究室：《十二大以来重要文献选编》下，人民出版社 1988 年版。

27. 中共中央文献研究室：《十三大以来重要文献选编》上，人民出版社 1991 年版。

28. 中共中央文献研究室：《十五大以来重要文献选编》上，人民出版社 2000 年版。

29. 中共中央文献研究室：《十六大以来重要文献选编》中，中央文献出版社 2006 年版。

30. 《中国共产党第十六次全国代表大会文件选编》，人民出版社 2002 年版。

31. 《中国共产党第十四届中央委员会第五次全体会议文件》，人民出版社 1995 年版。

32. 中共中央文献研究室：《江泽民论有中国特色社会主义（专题摘编）》，中央文献出版社 2002 年版。

33. 胡锦涛：《在中国共产党第十七次全国代表大会上的报告》，人民出版社 2007 年版。

34. 《中国共产党第十七次全国代表大会文件汇编》，人民出版社 2007 年版。

35. 《深入学习实践科学发展观活动领导干部学习文件选编》，中央文献出版社、党建读物出版社 2008 年版。

36. 胡锦涛：《坚定不移沿着中国特色社会主义道路前进　为全面建成小康社会而奋斗——在中国共产党第十八次全国代表大会上的报告》，人民出版社 2012 年版。

37. 胡锦涛：《在"三个代表"重要思想理论研讨会上的讲话》，人民出版社 2003 年版。

38. 习近平：《解放思想、实事求是要一以贯之——重读邓小平同志〈解放思想，实事求是，团结一致向前看〉》，《求是》1999

年第 1 期。

三 学术著作

1. 梅荣政：《马克思主义中国化史》，中国社会科学出版社 2010 年版。

2. 许门友、李宏、梁丹丹：《中国特色社会主义重大现实问题研究》，中国社会科学出版社 2014 年版。

3. 曾红宇：《马克思社会有机体思想研究》，中国社会科学出版社 2013 年版。

4. 王晶雄、王善平：《社会发展：反思与超越——马克思主义社会发展理论研究》，学林出版社 2008 年版。

5. 李慎明、王逸舟：《2007 年：全球政治与安全报告》，社会科学文献出版社 2007 年版。

6. 徐民华、刘希刚：《马克思主义生态思想研究》，中国社会科学出版社 2012 年版。

7. 黄正林：《陕甘宁边区乡村的经济与社会》，人民出版社 2006 年版。

8. 周新城、张旭：《苏联演变的原因与教训——一颗红星的陨落》，社会科学文献出版社 2008 年版。

9. 陈先达、杨耕：《马克思主义哲学原理》，中国人民大学出版社 2010 年第 3 版。

10. 赵志奎：《改革开放 30 年思想史》上、下卷，人民出版社 2008 年版。

11. 沈云锁、陈先奎：《中国模式论》，人民出版社 2007 年版。

12. 中央电视台《国情备忘录》项目组：《国情备忘录》，北方联合出版传媒（集团）股份有限公司、万卷出版公司 2010 年版。

13. 臧志风、王天义：《邓小平经济理论与实践》，中共中央党校出版社 2004 年版。

14. 卫炜、刘客：《邓小平理论发展史》，上海人民出版社 2004

年版。

15. 阎志民、夏文斌：《邓小平理论与当代中国科学社会主义》，北京大学出版社、黑龙江教育出版社 2003 年版。

16. 涂文涛：《邓小平经济思想研究》，西南财经大学出版社 2002 年版。

17. 王鑫：《邓小平发展观与当代中国实践》，人民出版社 2002 年版。

18. 张峰：《邓小平理论研究·2013》，人民出版社 2013 年版。

19. 刘建武：《中国特色与中国模式——邓小平社会主义特色观研究》，人民出版社 2006 年版。

20. 刘廷合：《苏东剧变主要原因探析》，山东大学出版社 2008 年版。

21. 史智忠：《科学发展观与马克思主义名著研究》，科学出版社 2007 年版。

22. 顾海良：《马克思主义发展史》，中国人民大学出版社 2009 年版。

23. 梁柱：《毛泽东与中国社会主义事业》，中国社会科学出版社 2009 年版。

24. 罗文东、吴波、代金平：《中国特色社会主义理论体系新论》，人民出版社 2008 年版。

25. 郭德宏：《中国马克思主义发展史》，中共中央党校出版社 2010 年版。

26. 中共陕西省委党史研究室：《毛泽东对中国革命和建设的探索》，陕西人民出版社 2003 年版。

27. 中共中央党史研究室：《中国共产党历史》第二卷，中共党史出版社 2011 年版。

28. 庄福龄：《简明马克思主义史》，人民出版社 2004 年版。

29. 颜佳华：《毛泽东民主政治思想与当代中国政治文明建设》，人民出版社 2013 年版。

30. 郝敬之：《整体马克思》修订版，人民出版社 2002 年版。

31. 房广顺、孟庆艳、刘宁宁等：《马克思主义整体性研究》，中国社会科学出版社 2012 年版。

32. 乌杰：《马列主义的系统思想》，人民出版社 1997 年版。

33. 王万民、韦克难：《马克思主义基础理论》，四川人民出版社 2001 年版。

34. 雷云峰：《陕甘宁边区史：抗日战争时期》上，西安地图出版社 1993 年版。

35. 中华人民共和国司法部、全国普法办公室：《中共中央法制讲座汇编》，法律出版社 1998 年版。

36. 闫志民：《中国特色社会主义理论发展史》，人民出版社 2012 年版。

37. 中共中央编译局：《人间的普罗米修斯回忆马克思恩格斯》Ⅲ，人民出版社 1983 年版。

38. 逄先知、金冲及：《毛泽东传（1949—1976）》上、下，中央文献出版社 2003 年版。

39. 黄炎培：《八十年来》，文史资料出版社 1982 年版。

40. 聂运麟：《中国特色社会主义理论体系研究》，人民出版社 2011 年版。

41. 李培林：《全面深化改革二十论》，社会科学文献出版社 2014 年版。

42. 陆卫明、陈建兵：《当代中国发展理论与实践》，社会科学文献出版社 2014 年版。

43. 李华锋、秦正为、于学强等：《中国特色社会主义理论与实践研究》，人民出版社 2013 年版。

44. 顾海良：《中国特色社会主义理论体系研究》，中国人民大学出版社 2009 年版。

45. 贾松青：《马克思主义永具生命力》，中央文献出版社 2006 年版。

46. 李国兴、陈金龙：《中国特色社会主义理论与实践专题研究》，中国社会科学出版社 2013 年版。

47. 冯特君：《当代世界政治经济与国际关系》，中国人民大学出版社 2012 年第 5 版。

48. 袁秉达：《中国特色社会主义道路研究》，上海人民出版社 2009 年版。

49. 秦宣：《中国特色社会主义史》下册，高等教育出版社 2009 年版。

50. 顾海良：《中国特色社会主义理论体系研究》，中国人民大学出版社 2009 年版。

51. 李崇富、徐仲伟：《马克思主义中国化与中国共产党的 90 年》，中国社会科学出版社 2012 年版。

52. 张首映、黛莉莉：《外国人眼中的中国》，人民出版社 2009 年版。

53. ［美］斯图尔特·R. 施拉姆：《毛泽东的思想》，田松年、杨德等译，中国人民大学出版社 2005 年版。

54. ［德］马克思·韦伯：《新教伦理与资本主义精神》，陈平译，陕西师范大学出版社 2007 年版。

55. ［德］马克思·韦伯：《经济与社会·上卷》，阎克文译，上海人民出版社 2010 年版。

56. ［德］马克思·韦伯：《经济与社会·上卷》上、下册，阎克文译，上海人民出版社 2010 年版。

57. ［美］帕森斯：《现代社会的结构与过程》，梁向阳译，光明日报出版社 1988 年版。

58. ［法］克劳德·迈耶：《谁是亚洲领袖——中国还是日本？》，潘革平译，社会科学文献出版社 2011 年版。

59. ［美］约书亚·科兰兹克：《魅力攻势——看中国的软实力如何改变世界》，陈平译，中央编译出版社 2014 年版。

60. ［美］约翰·奈斯比特、［奥］多丽丝·奈斯比特：《对话中国模式》，张洪斌、许靖国译，新世界出版社 2010 年版。

四　学术论文

（一）期刊论文

1. 王一鸣：《转变经济发展方式的现实意义和实现途径》，《理论视野》2008 年第 1 期。

2. 虞云耀：《构建社会主义和谐社会需处理好的若干重大关系》，《中国党政干部论坛》2005 年第 3 期。

3. 《解放思想与时俱进认真学习贯彻十六届三中全会决定精神》，《党建研究》2003 年第 11 期。

4. 沙健孙：《毛泽东对人民民主政治建设的若干战略性思考》，《马克思主义研究》2003 年第 5 期。

5. 沙健孙：《毛泽东论新民主主义文化》，《北京大学学报》（哲学社会科学版）2002 年第 5 期。

6. 梁柱：《毛泽东对中国社会主义事业的历史性贡献》，《中国延安干部学院学报》2013 年第 5 期。

7. 马凯：《认真贯彻党的十七大精神，促进国民经济又好又快发展》，《求是》2007 年第 23 期。

8. 梁星亮：《试论中国共产党延安时期局部执政的历史经验和启示》，《西北大学学报》（哲学社会科学版）2005 年第 3 期。

9. 王惠岩：《建设社会主义政治文明》，《政治学研究》2002 年第 3 期。

10. 张森林、马程程、石晓琴：《试论中国特色社会主义道路选择的时代依据》，《吉林师范大学学报》（人文社会科学版）2011 年第 4 期。

11. 陈先初：《从三三制看抗日根据地的政权建设》，《求索》2005 年第 10 期。

12. 黄延敏：《延安时期中国共产党文化建设的基本经验》，《理论学刊》2009 年第 10 期。

13. 崔艳：《论延安时期中国共产党社会建设的历史经验》，《延安大学学报》（社会科学版）2012年第4期。

14. 王文修：《苏联经济管理体制的改革》，《当代国外社会主义问题》1985年第2期。

15. 刘洋：《新制度经济学视角下的苏联经济史——对我国政治经济体制改革的启示》，《国际经济观察》2011年第1期。

16. 杭玥：《苏联政治体制改革的错误及启示》，《科学社会主义》2001年第2期。

17. 刘新宜：《苏联政治体制改革失败的根源与教训》，《北京联合大学学报》（人文社会科学版）2011年第4期。

18. 刘新宜：《苏联政治体制改革失败的主要原因与启示》，《科学社会主义》2011年第6期。

19. 郑锦华：《党的生命力源于马克思主义与国情的正确结合》，《福建师范大学学报》（哲学社会科学版）1991年第3期。

20. 张淇：《构建中国特色社会主义先进文化的战略选择》，《文化研究》2009年第6期。

21. 唐峻：《社会主义是实现物质文明和精神文明同步发展的社会制度——学习邓小平理论的一点体会》，《求实》1998年第8期。

22. 左亚文：《论精神文明与物质文明和政治文明的辩证互动》，《马克思主义研究》2003年第6期。

23. 涂大杭：《社会主义物质文明建设若干问题初探》，《社会主义研究》1995年第2期。

24. 王家斌：《论社会主义物质文明建设的实践特色》，《辽宁大学学报》1998年第4期。

25. 杜辉、陈小健：《邓小平社会主义物质利益思想及其启示》，《井冈山师范学院学报》（哲学社会科学版）2003年第2期。

26. 周晔：《社会主义精神文明建设与素质教育》，《北京青年政治学院学报》2001年第9期。

27. 张斌：《改革开放三十年精神文明建设理论的形成与发展》，《学校党建与思想教育》2009 年第 4 期。

28. 刘炳亮、常广爱：《改革开放与精神文明建设》，《河南财经学院学报》1989 年第 2 期。

29. 张磊：《探索社会主义现代化建设规律的结晶——学习江泽民同志正确处理改革发展稳定关系的思想》，《湖南社会科学》2003 年第 4 期。

30. 袁恩桢：《江泽民和社会主义市场经济理论》，《毛泽东邓小平理论研究》2011 年第 3 期。

31. 何俊生：《江泽民对社会主义市场经济理论的发展》，《长安大学学报》（社会科学版）2008 年第 10 期。

32. 韦廷柒、林宁：《江泽民社会主义政治文明思想体系探析》，《探索》2005 年第 5 期。

33. 刘焕申：《江泽民社会主义政治文明思想的科学体系和理论特色》，《中共云南省委党校学报》2008 年第 5 期。

34. 沈宗灵：《依法治国，建设社会主义法治国家》，《中国法学》1999 年第 19 期。

35. 秋石：《坚持依法治国和以德治国相结合》，《求是》2004 年第 4 期。

36. 周建标：《弘扬民族精神建设社会主义先进文化》，《华中农业大学学报》（社会科学版）2007 年第 6 期。

37. 刘海涛：《发展社会主义文化 弘扬和培育民族精神》，《科学社会主义》2002 年第 6 期。

38. 林孟清：《构建社会主义和谐社会的哲学反思——兼论科学发展观到社会主义和谐社会的内在逻辑》，《马克思主义研究》2005 年第 3 期。

39. 张卓元：《不断完善社会主义市场经济体制 促进国民经济又好又快发展——学习党的十七大报告的一点体会》，《经济研究》2007 年第 11 期。

40. 贾建芳：《构建社会主义和谐社会的重点难点问题解析》，《马克思主义研究》2006 年第 3 期。

41. 刘树成：《贯彻落实十七大精神 实现国民经济又好又快发展》，《中国特色社会主义研究》2007 年第 6 期。

42. 路风、余永定：《"双顺差"、能力缺口与自主创新——转变经济发展方式的宏观和微观视野》，《中国社会科学》2012 年第 6 期。

43. 黄泰岩：《转变经济发展方式的内涵与实现机制》，《求是》2007 年第 18 期。

44. 王宁：《转变经济发展方式：结构、政策与路径》，《经济学家》2012 年第 10 期。

45. 张蕴萍：《转变经济发展方式的理论探索与现实对策》，《山东社会科学》2009 年第 11 期。

46. 王吉亚：《关于建设资源节约型、环境友好型社会的若干思考》，《环境经济》2007 年第 4 期。

47. 仝华：《坚定不移发展社会主义民主政治》，《理论学刊》2007 年第 11 期。

48. 李慎明：《贯彻科学发展观，坚定不移发展社会主义民主政治》，《理论前沿》2009 年第 1 期。

49. 张玉良、吕岚：《社会主义核心价值体系的认同与构建》，《攀登》2007 年第 6 期。

50. 杨业华：《社会主义核心价值体系系统探析》，《马克思主义研究》2013 年第 8 期。

51. 史育龙：《中国特色城镇化道路的内涵和发展模式》，《贵州社会科学》2008 年第 10 期。

52. 钱振明：《中国特色城镇化道路研究：现状及发展方向》，《苏州大学学报》（哲学社会科学版）2008 年第 3 期。

53. 史成虎、张晓红：《我国深化政治体制改革的路径依赖与制度创新——以新制度主义为研究视角》，《成都理工大学学报》

(社会科学版) 2013 年第 4 期。

54. 马小林:《以经济建设为中心是中国特色社会主义的永恒主题》,《安徽行政学院学报》2010 年第 4 期。

55. 周延江:《对以经济建设为中心的思想在全党确立的探讨》,《理论探讨》2012 年第 2 版。

56. 黄晓翠:《坚定不移地坚持以经济建设为中心》,《陕西社会主义学院学报》2013 年第 2 期。

57. 陈宝:《"以人为本"和"以经济建设为中心"》,《安徽师范大学学报》(人文社会科学版) 2006 年第 1 期。

58. 张晓红:《坚持共产党的领导是马克思主义国家学说中的首要问题》,《社会主义研究》2004 年第 6 期。

59. 崔秋锁:《新时期发展观演变的价值前提与理论形态》,《理论探讨》2009 年第 2 期。

60. 蔡中宏、麻艳香:《论解放思想 实事求是 与时俱进的内在统一性》,《甘肃理论学刊》2003 年第 5 期。

61. 张春静:《论邓小平"解放思想,实事求是"的哲学内涵》,《大连海事大学学报》(社会科学版) 2013 年第 1 期。

62. 刘歌德:《解放思想 实事求是 人民为本——论中国特色社会主义理论体系的精髓》,《惠州学院学报》(社会科学版) 2008 年第 4 期。

63. 王忠祥:《中国特色社会主义事业总体布局历史演进及启示》,《学术探索》2014 第 2 期。

64. 郭大俊、黄瑞:《邓小平的人民群众主体观》,《社会主义研究》2008 年第 5 期。

65. 胡东升:《人民群众在马克思主义大众化中的主体地位》,《科学社会主义》2011 年第 5 期。

66. 孙熙国、路克利:《马克思主义大众化与马克思主义理论的创新和发展——改革开放三十年来马克思主义大众化的一条重要经验》,《探索》2008 年第 6 期。

67. 李包庚：《马克思"人民主体性"思想解读》，《马克思主义研究》2014 年第 10 期。

68. 孟献丽、王玉鹏：《把握"大众"：马克思主义大众化的关键》，《贵州师范大学学报》（社会科学版）2014 年第 6 期。

69. 潘宁：《马克思人民主体思想的理论意蕴》，《社会科学家》2014 年第 12 期。

70. 张士义：《从新民主主义到中国特色社会主义——中国共产党探索社会主义道路的轨迹》，《中国特色社会主义研究》2013 年第 4 期。

71. 李默海：《毛泽东新民主主义共和国国体与政体思想的内在精神探析》，《聊城大学学报》（社会科学版）2005 年第 2 期。

72. 卫东：《试论毛泽东工业化道路的思想》，《社科纵横》2004 年第 3 期。

73. 雍涛：《从新民主主义到中国特色社会主义——新民主主义理论的历史命运及其现实启示》，《重庆邮电大学学报》（社会科学版）2009 年第 1 期。

74. 张北根：《新民主主义社会建设的思考》，《北京科技大学学报》（社会科学版）2000 年第 1 期。

75. 秦文志、刘静：《毛泽东新民主主义文化思想的科学内涵及其现实指导意义》，《探索》2006 年第 5 期。

76. 冯景源：《科学社会主义及其理论创新规律研究——"什么是社会主义，如何建设社会主义"的反思》，《东南学术》2011 年第 1 期。

77. 赵家祥：《"什么是社会主义，怎样建设社会主义"之我见》，《学习与探索》2010 年第 3 期。

78. 童贤成、李云矫、宋国秀：《破解世纪难题：什么是社会主义，怎样建设社会主义》，《兰州学刊》2009 年第 8 期。

79. 袁恩桢：《江泽民和社会主义市场经济理论》，《毛泽东邓小平理论研究》2011 年第 3 期。

80. 周建标：《弘扬民族精神建设社会主义先进文化》，《华中农业大学学报》2007 年第 6 期。

（二）学位论文

1. 蔡丹：《中国特色社会主义事业总体布局思想形成与发展研究》，中共中央党校，2010 年。

2. 万是明：《全球化时代中国特色社会主义文化建设》，华中师范大学，2006 年。

3. 宋文生：《社会主义初级阶段理论研究》，华中师范大学，2014 年。

4. 杨义芹：《关于构建社会主义和谐社会的战略思考》，天津师范大学，2006 年。

5. 刘艳：《改革开放以来中国共产党人马克思主义理论教育思想发展研究》，山东大学，2013 年。

6. 贾小明：《共产党执政合法性研究》，中共中央党校，2003 年。

7. 王军：《民主革命时期中国共产党的政权思想研究》，东北师范大学，2007 年。

8. 卜叶蕾：《马克思主义大众化的思想政治工作路径研究》，中共中央党校，2014 年。

9. 鲁婉莹：《传播媒介在马克思主义大众化中的作用》，河南大学，2011 年。

10. 周霞：《毛泽东推进马克思主义大众化思想研究》，中南大学，2014 年。

11. 任立新：《毛泽东新民主主义经济思想及其嬗变研究》，河北师范大学，2008 年。

12. 成林萍：《毛泽东民主政治思想及实践研究》，中共中央党校，2011 年。

13. 毕彩云：《毛泽东新民主主义国家理论研究》，吉林大学，2011 年。

14. 王军：《民主革命时期中国共产党的政权思想研究》，东北师范大学，2007 年。

15. 孙健娥：《新民主主义文化革命的历史经验研究》，湖南师范大学，2007 年。

五　报纸

《参考消息》《人民日报》《光明日报》《中国教育报》《扬子晚报》《新世纪周刊》《广州日报》《中国社会科学报》《环球时报》。

六　网站

马克思主义研究网、人民网、新华网、光明网、中华人民共和国中央人民政府网、中国干部学习网、中共中央党校网、中国社会科学网。

后　记

　　随着时代特征、国情和人民群众需要的变化，中国特色社会主义总体布局也必然会不断处于动态发展与演进的状态中，这种演进有一定的运行轨迹，也蕴含着某种规律和逻辑，这是本书的重点内容。研究这一问题，对于我们从宏观上正确认识和科学把握总体布局的发展趋势与脉络，对于中国特色社会主义建设事业有着十分重要的理论意义和现实意义。当然，这只是对中国特色社会主义总体布局有关问题研究的沧海一粟，进一步探究党的建设与总体布局的关系、"四个全面"与总体布局的关系等是我日后需要继续关注的问题。

　　本书是在我的博士学位论文的基础上修改而成的，在出版之际，我要感谢我的母校西北大学，这里浓厚的学习气氛、良好的学习环境，让我十分受益，尤其是我最喜欢去的图书馆，那里的书籍、环境、设施等，一直令我怀念。还要由衷感谢导师许门友教授，老师的学术精神、人格魅力、悉心指导都令我毕生难忘。学术上，老师十分严谨认真、脚踏实地、勤勤恳恳、务实求真、硕果累累；人格上，老师为人正直，低调谦和、宽容大度、两袖清风又和蔼可亲。许老师学术上对我的影响与督促，生活上对我的关心与帮助，用一句"谢谢"来回复是如此苍白，在今后的学习与生活中，我会铭记老师教诲，秉承老师的精神理念，争取更大的进步与发展。

　　感谢博士学位论文开题、预答辩、答辩期间给我相关指导和建议的资深教授和专家。

感谢读博期间给我关心和鼓励的家人和朋友。

感谢西北政法大学马克思主义理论工程建设项目和博士科研启动基金项目对本书出版的资助。

感谢中国社会科学出版社的刘艳女士，她为本书的编辑出版付出了辛勤的劳动。

把攻读博士学位期间的一点心得出版成书，我深感惶恐和不安，敬请各位专家批评指正。

梁丹丹
2017 年 8 月 6 日于西北大学南校区